O feminino no extravio do falo

O feminino no extravio do falo

Cristiana Pittella, Lúcia Grossi, Márcia Mezêncio,
Maria José Gontijo Salum e Patrícia Ribeiro (Orgs.)

Coleção Almanaque do Instituto de Psicanálise de Minas Gerais

Relicário

Dados Internacionais de Catalogação na Publicação (CIP) de acordo com ISBD

F329

O feminino no extravio do falo / organizado por Cristiana Pittella, Lúcia Grossi, Márcia Mezêncio, Maria José Gontijo Salum e Patrícia Ribeiro; tradução por Mateus Mourão. – Belo Horizonte: Relicário, 2023.

196 p. ; 13cm x 19cm. – (Coleção Almanaque do IPSM-MG ; v. 2)

ISBN: 978-65-89889-70-0

1. Psicanálise. 2. Freud. 3. Lacan. 4. Miller. 5. Gozo feminino. 6. Gozo fálico. I. Pittella, Cristiana. II. Grossi, Lúcia. III. Mezêncio, Márcia. IV. Salum, Maria José Gontijo. V. Ribeiro, Patrícia. VI. Mourão Mateus. VII. Título. VIII. Série.

2019-1290 CDD: 150.195
CDU: 159.964.2

Elaborado pelo Bibliotecário Tiago Carneiro – CRB-6/3279

COLEÇÃO ALMANAQUE DO INSTITUTO DE PSICANÁLISE DE MINAS GERAIS

DIREÇÃO Lilany Pacheco

CONSELHO EDITORIAL Cristiana Pittella
Luciana Silviano Brandão
Patrícia Ribeiro
Paula Pimenta

COORDENAÇÃO EDITORIAL Maíra Nassif Passos

CAPA E DIAGRAMAÇÃO Caroline Gischewski

REVISÃO Virgínia Junqueira e Silvia P. Barbosa

RELICÁRIO EDIÇÕES
Rua Machado, 155, casa 1, Colégio Batista | Belo Horizonte, MG, 31110-080
relicarioedicoes.com | contato@relicarioedicoes.com

SUMÁRIO

A COLEÇÃO ALMANAQUE DO INSTITUTO DE PSICANÁLISE DE MINAS GERAIS

O Instituto de Psicanálise e Saúde Mental de Minas Gerais (IPSM-MG) adotou o nome Almanaque, em sua primeira publicação, há quase duas décadas. Na época, uma espécie de jornal, no formato de um almanaque. Tal como esse informativo tradicional, o Almanaque do Instituto trazia as notícias do trabalho com a psicanálise no cotidiano da instituição – na Seção Clínica e no recém-criado Curso de Psicanálise. Ele publicava artigos dos professores, dos alunos e dos participantes do Instituto, se constituindo em um modo de destacar as notícias importantes, de informar e divulgar o saber produzido e sistematizado pela comunidade analítica presente no IPSM-MG.

Posteriormente, o Almanaque tornou-se uma revista virtual, publicando artigos não somente dos colegas do Instituto em Minas Gerais, mas de outros lugares do Campo freudiano. Hoje, o *Almanaque On-line* é um periódico com publicação semestral e temática, com grande acesso de leitores. Além de divulgar a produção nas diversas instâncias do Instituto, ele publica, também, os textos que servem de referência para orientar o desenvolvimento do trabalho no Instituto, em cada semestre.

No ano de 2012 uma nova publicação impressa foi realizada com o nome de Almanaque: a edição especial "O que o Ateliê de psicanálise aplicada nos ensina". Essa publicação originou-se de uma conversação realizada na conclusão da 1ª Turma do Ateliê de Psicanálise Aplicada do IPSM-MG, no final do ano de 2011. Os coordenadores do Ateliê – Antônio Beneti, Ana Lydia Santiago e Sérgio Laia – promoveram uma conversação com os participantes do Ateliê, e seus resultados foram publicados nessa edição especial do Almanaque – uma referência para o trabalho da psicanálise nas instituições.

Acompanhando a produção teórica no Instituto desde seu início, o termo Almanaque tem sido importante para a instituição. Um almanaque tem a característica de reunir as informações e as notícias mais importantes sobre um tema. No nosso caso, a psicanálise. Portanto, nada mais indicado que tomarmos esse significante que nos é tão caro para a nova Coleção do IPSM-MG.

A Coleção Almanaque do Instituto de Psicanálise de Minas Gerais nasceu com o objetivo de realizar publicações, no formato de pequenos livros, a partir do trabalho de investigação e sistematição, realizado no IPSM-MG, em torno de algum tema instigante da clínica psicanalítica.

É com muita alegria, portanto, que lançamos mais um volume desta nova coleção.

Maria José Gontijo Salum
Diretora-geral do IPSM-MG: 2018-2022

APRESENTAÇÃO

Esta publicação dá sequência à *Coleção Almanaque do Instituto de Psicanálise de Minas Gerais*, iniciada no ano de 2019. Neste volume, publicamos os trabalhos desenvolvidos nas diversas atividades que fizeram parte da Seção Clínica e da Diretoria de Ensino do Instituto em 2020. Naquela ocasião, o Instituto se inspirou no XXIII Encontro Brasileiro do Campo Freudiano – *O feminino infamiliar: dizer o indizível* – para eleger seu tema de investigação ao longo do ano. O resultado do trabalho desenvolvido nas diversas instâncias que compõem o Instituto encontra-se reunido aqui, neste *O feminino no extravio do falo*. São privilegiadas as teorizações pensadas a partir de Freud, Lacan, Miller e outros psicanalistas contemporâneos, a fim de revisitar as dificuldades clássicas em relação ao feminino, bem como elucidar os problemas atuais. Dessa forma, são trazidas para a discussão, à luz da psicanálise, as relações amorosas na atualidade, as teorias de gênero e o feminismo, dentre outras questões que chegam aos psicanalistas hoje.

Os textos de Graciela Bessa e Nieves Soria compõem a primeira rubrica: *O feminino e o amor*. No primeiro, intitulado "Feminino: um conjunto aberto ao infinito", Graciela Bessa parte do problema referente à falta de um significante para nomear A̸ Mulher e desenvolve como, em função dessa inexistência, uma mulher se dirige ao amor em busca de nomear seu ser. Nieves Soria inicia seu texto lembrando que o amor é consequência da transmissão simbólica da falta, da castração, e, por isso, a abertura ao amor se opera a partir da via do Nome-do-Pai. Em "O amor feminino no declínio da função paterna", a autora aborda as consequências no amor, para o sujeito feminino, de se situar fora da lógica falo-castração, e aponta o encontro contingente com o amor, sobretudo o de transferência, como saída da devastação e da errância que encontramos em sujeitos femininos.

O parceiro devastação é o título da segunda rubrica, que conta com as contribuições de Ludmilla Féres Faria e Alessandra Thomaz Rocha. As duas autoras recorrem a produções artísticas para discorrer sobre o feminino. A primeira realiza uma leitura psicanalítica do filme *A esposa*; a segunda, de *O arrebatamento de Lol V. Stein*, romance de Marguerite Duras. Ludmilla Féres Faria lança a questão para intitular seu artigo: "Nós?". Essa pergunta se desdobra na interrogação sobre o que destituiu a parceria amorosa tão sólida e duradoura existente entre o casal e mostrada no filme desde o início. A autora parte dos significantes que, em nossa época, trazem a presença da devastação na esfera do amor – relação tóxica, ou abusiva –, para localizar o que a psicanálise de orientação lacaniana pode avançar a partir dessas parcerias. Em sua abordagem do filme, destaca o gozo presente nas escolhas amorosas, que se pode ver na frase de Lacan citada no texto: "as mulheres são loucas... não loucas de todo, mas antes conciliadoras, a ponto de não haver limites para as concessões que cada uma faz a um homem; de seu corpo, de sua alma, de seus bens". Alessandra Thomaz Rocha inicia seu texto, "Gozo feminino, devastação e arrebatamento em Lol V. Stein", lembrando que Lacan havia considerado o romance de Marguerite Duras como paradigmático da feminilidade pois, nele, pode-se deparar com o indizível do gozo feminino. Como Alessandra desenvolve, o parceiro torna-se devastação quando apresenta o sem limite do gozo feminino não ordenado pela função fálica e, assim como Ludmilla, destaca que essa forma de parceria tem como efeito uma falta de limites para as concessões que uma mulher faz a seu parceiro. A autora considera o gozo feminino em duas dimensões: a enigmática, indizível, referida à falta de um significante que possa nomear a mulher; e a devastação, presente em Lol V. Stein. Nessa personagem, destaca-se o gozo devastador que provoca deslumbramento e arrebata o corpo das mulheres.

Três textos compõem a rubrica *Gozo feminino, além da norma*. No primeiro, "O gozo feminino indizível: como abordá-lo?", Analícea Calmon toma como ponto de partida a história de Medeia, cujo ato foi considerado por Lacan como o de uma verdadeira mulher. Essa personagem nos dá indicações sobre a clínica feminina, ao testemunhar a relação com o ilimitado, um gozo que acaba por se deparar com o horror. O ato de Medeia escapa do registro do significante e ultrapassa todos os limites, indo além da lei da castração e da norma fálica. Nesse sentido, o gozo feminino resta ilimitado e, portanto, indizível e inabordável, como conclui a autora. No texto "O feminino para além dos gêneros", Cristiana Pittella ressalta a abordagem do gênero como uma tentativa presente, no contemporâneo, para alcançar o ser, apontando a insuficiência dessa operação. Ela indica que o analista vai em uma direção diferente: ele não se apoia em nomeações ou tratamentos pré-estabelecidos oferecidos pelo Outro, nem mesmo nas nomeações consideradas atualmente uma "autodeterminação". Ao contrário, ele dará lugar às palavras, ao sofrimento íntimo do sujeito, para permitir que se construa uma solução, sempre singular, face aos seus interesses pulsionais e seus enigmas. O feminino estando, assim, fora da lei da articulação significante, mais além da norma fálica, estaria, também, mais além do gênero. Já Mônica Campos, no texto "O feminino e a lei", aborda as consequências da distinção entre os sexos nas mulheres a partir de Freud e Lacan. Para o primeiro, sem o temor da castração não haveria o estabelecimento de um supereu; para o segundo, um supereu ainda mais implacável seria o efeito da falta de limites imposta pela função fálica. A autora questiona se a busca de uma localização na parceria amorosa levaria, em muitos casos, a uma concessão também ilimitada, inclusive às transgressões e ao crime. Ela lembra a afirmação de Miller segundo a qual quanto mais a mulher existe do ponto de vista do sujeito de direito, mais ela desaparece sob a máscara masculina. Por isso, seria necessário que as mulheres despertassem de um modo diferente dos homens.

A rubrica *O empuxo-à-mulher* traz dois textos. O primeiro, "Schreber: o empuxo-à-mulher não é o feminino", de Elisa Alvarenga. Diferente da posição feminina, no empuxo-à-mulher na psicose, por não haver a função do falo, o gozo se apresenta sem limites, fazendo existir A̸ Mulher que não existe. O gozo feminino é não-todo fálico e, portanto, porta uma referência ao falo. O segundo texto, de Fernando Casula, intitulado "O infamiliar, o indizível e o feminino nas psicoses", traz, inicialmente, esclarecimentos sobre a emergência do infamiliar e suas possíveis aproximações em conjunção e disjunção com o feminino, assim como seus modos de manifestação nas neuroses e nas psicoses. O empuxo-à-mulher contempla o fenômeno da feminização e, em sua manifestação, o sujeito psicótico posiciona-se como objeto do gozo do Outro, um gozo invasivo e ilimitado. Ao final, o autor desenvolve o conceito de erotomania para abordar o amor na mulher e na psicose.

Na última rubrica – *O gozo feminino e a criança* –, Andrea Eulálio, em "Incidências do feminino na clínica com crianças", traz reflexões sobre o infantil e o relaciona ao feminino. O texto investiga as diferentes maneiras por meio das quais a criança responde ao encontro contingente com o gozo feminino, que a atinge e que lhe é desconhecido, e sobre a solução singular que cada sujeito encontra para velar esse real que insiste. A autora retoma o caso Hans e analisa o filme *Una*, a fim de trazer as contribuições para a clínica com crianças. Cristiane Barreto, por sua vez, encerra com "O corpo e a cena de 'Dor e Glória': Almodóvar e o filme do filme de uma vida". De acordo com a autora, no último ensino de Lacan, o gozo feminino é tomado como o regime do gozo como tal, reduzido ao acontecimento do corpo, com sua opacidade. Cristiane destaca uma cena do filme na qual a criança se depara com a incidência do gozo no corpo, tecendo, em seu texto, comentários sobre as marcas no corpo, o encontro com o real do sexo e os paradoxos do desejo.

Maria José Gontijo Salum

O FEMININO E O AMOR

FEMININO: UM CONJUNTO ABERTO AO INFINITO[1]

Graciela Bessa

O feminino, tal como é abordado a partir das fórmulas da sexuação, não é sinônimo de sexualidade feminina, tampouco de feminilidade. Nas fórmulas da sexuação, o feminino é introduzido por Lacan como um problema de existência. Isso porque o feminino está referido à inexistência do significante que nomeie o ser d'A mulher. Como consequência disso, a inexistência de nomeação, que também é enunciada como "A mulher não existe", é que o feminino diz respeito a um gozo que não está regulado pela lógica da função fálica, ou seja, é um gozo que não se regula pela castração.

Como a inexistência do significante d'A mulher está para qualquer sujeito, isso quer dizer que o feminino se encontra no centro da subjetividade do ser falante, seja ele homem, seja mulher. Cada um, a seu modo, toca o feminino – seja com horror, seja com angústia, seja com devastação, seja com sinthoma.

---

1 Texto apresentado no Núcleo de Pesquisa e Investigação em Psicanálise e Saúde Mental em 15 de setembro de 2020.

Estamos, portanto, diante de um problema de um juízo de existência, e isso nos lança a um texto freudiano chamado "A negativa". Nesse texto Freud, irá se ocupar das duas operações constituintes do aparelho psíquico, que são a *Bejahung* – afirmação no eu – e a *Ausstossung* – expulsão do eu. A operação de inscrição no eu, a *Bejahung*, funda o campo das representações, que é imprescindível para a formação da complexa rede de significantes. Essa inscrição acontece porque há, concomitantemente, uma operação de exclusão radical e irrecuperável. É a *Ausstossung* (expulsão) que funda algo fora da simbolização. Se essa expulsão não acontece, também não se processa a inscrição. Nesse tempo lógico, no mesmo instante em que ocorre a incidência do significante que viabilizará o surgimento do sujeito, há a constituição de um gozo fora do significante. A inscrição no eu (*Bejahung*) permite que surja a atividade primeira do juízo de atribuição e, depois, a do juízo de existência.

Lacan adverte que não se trata, no juízo de atribuição primário, de uma relação do sujeito com o mundo, e sim do sujeito com o ser. O advento do sujeito se dá com a expulsão de algo que, a partir de então, não encontra uma representação simbólica, ou seja, não haverá nenhum juízo de existência ligado a ele. Antes mesmo de haver relação do sujeito com o mundo externo, a intromissão da linguagem foraclui algo, e isso diz respeito à sexualidade. Portanto, a inscrição do símbolo que viabilizará o advento do sujeito só é possível se algo for expulso e impossível de se inserir na trama simbólica da linguagem. A condição para que o juízo de existência opere é a constituição do juízo de atribuição que se funda na inscrição do traço. Ou seja, o juízo de existência tem como função reconhecer ou negar a existência, na realidade, de uma representação que foi inscrita pelo juízo de atribuição.

Segundo Miller em *Los signos del goce* (1998), Lacan usa o termo freudiano *Verwerfung* e o liga ao não funcionamento do juízo de existência. Para Miller, Lacan usa as elaborações freudianas em "A negativa" para interpretar o que o próprio Freud quer dizer com a *Verwerfung* da castração no Homem dos Lobos.

Segundo Maleval (2002), no texto "A negativa" estão implícitos dois modos de negação. Um deles, a serviço do processo de recalque, aparece no discurso quando o sujeito diz "não é minha mãe". Nesses casos, há o levantamento do recalque, sem, contudo, haver sua abolição. Essa negação depende de uma inscrição anterior. A outra negação, processo de expulsão, diz respeito à *Ausstossung*. Para ele, a noção lacaniana de foraclusão encontra, nessa expulsão fundadora, uma de suas origens.

Proponho que Lacan, ao dizer "A mulher não existe", indica que essa exclusão diz respeito ao que é expulso no ato da inscrição do símbolo.

Encontramos em *O Seminário*, livro 3, essa orientação quando ele traz uma discussão sobre a histeria. Ele afirma que a questão histérica, por excelência, gira em torno do que é ser uma mulher. Isso ocorre porque

> não há, propriamente, simbolização do sexo da mulher como tal. [...] Ali onde não há material simbólico, há obstáculo, falha, na realização da identificação essencial à realização da sexualidade do sujeito. Essa falha provém do fato de que, num ponto o simbólico está falho – pois lhe é preciso algum. O sexo feminino tem uma característica de ausência, de vazio, de buraco... (Lacan, 1985a, p. 202)

A impossibilidade de apreender "A mulher" no campo simbólico está para qualquer sujeito. Sobre isso, Lacan (1985a, p. 197) diz que "a mulher se interroga sobre o que é uma mulher da mesma forma que o sujeito macho se interroga sobre o que é ser uma mulher".

Apesar da instauração e consistência da ordem simbólica, há o inefável. No campo da neurose, há o inassimilável à ordem significante que diz respeito à mulher.

Se não há inscrição simbólica d'A mulher, consequentemente não é possível um juízo de existência. Cabe, então, uma pergunta: como escrever no simbólico a diferença sexual? Desde Freud encontramos a resposta: através do falo; é ele que introduzirá a polaridade sexual a partir da relação do sujeito com a castração. É para fazer suplência a essa não inscrição d'A mulher no inconsciente que há inscrição fálica nos sujeitos.

Inicialmente o falo é apreendido como um significante, como um atributo – ter ou não ter o falo, ter ou ser o falo – e, assim, delimita o campo da identificação como representação na relação do ser falante com o gozo. Mas há um limite, pois o falo não responde inteiramente ao gozo feminino. A célebre pergunta freudiana "O que quer uma mulher?" aponta para isso. Freud tentou cercar isso, que sempre escapa ao significante em vários pontos de sua obra. Na conferência sobre a feminilidade, por exemplo, ele tece uma estreita relação entre as mulheres e a vida pulsional. Essa relação já estava presente desde "O mal-estar na civilização", ao apresentar a figura feminina como aquela que cuida dos interesses da família e da vida sexual opondo-se à civilização. Sob essa ótica, as mulheres não estariam interessadas em sacrifícios em nome da cultura, permanecendo arraigadas às satisfações das pulsões primárias. Segundo Miller (2003, p. 22), "a mulher freudiana representa o polo selvagem, rebelde a essa civilização portadora do mal-estar".

Para Miller, esse modo de abordar as mulheres – quase como primitivas, sem capacidade de sublimar – é uma das vertentes da apreensão da mulher como um ser portador de uma falta – falta fálica –, de um traço negativo. É a consequência de avaliar a castração feminina como desvalorização: a mulher como ser degradado. A outra vertente pode ser considerada o seu avesso. Como a mulher é um ser privado de pênis, e o desejo feminino é um desejo insaciável de possuir um pênis, isso possibilita que ela enverede pela via do excesso. Ao se engajar na tarefa de compensar o que lhe falta, a mulher pode ser representada por tudo o que vai além e que excede o costumeiro.

São modos freudianos de definir uma mulher pela vertente do gozo, apresentando-as longe dos ideais e colocando-as bem mais próximas do real.

Todo esse desenvolvimento freudiano está pautado na concepção do falo tendo uma relação estreita com a castração tomada pelo viés de uma perda de gozo e que Lacan representa como $-\varphi$. Principalmente a partir do *Seminário*, livro 18: de um discurso que não fosse do semblante, Lacan passa a escrever a lógica do gozo nos termos da lógica formal. O falo, a partir de então, passa a ser abordado como uma função: Φx. Isso quer dizer que há uma função de gozo ligada à castração e ela determina um modo de gozar particular para cada sujeito. Mesmo que esteja presente aqui uma função de gozo, isso não abole a vertente da lei simbólica – sob a forma da interdição –, consequência da castração enquanto perda de gozo. Desse modo, a diferença sexual não se dá mais em termos de ter o falo ou ser castrado, nem mesmo em ter o falo e ser o falo.

A diferença sexual se dá a partir do modo como cada um satisfaz ou não a função fálica.

O quadro da sexuação é uma formalização de Lacan para pensar a sexualidade sem recorrer às identificações edípicas, ou seja, o referente para tratar da posição sexual do ser falante não é apenas o campo das representações. As fórmulas da sexuação introduzem o gozo como referente, é a elaboração da junção entre a lógica do gozo e a lógica formal.

Se, para Freud, a dissimetria entre os sexos é pontuada a partir da falta fálica e da relação primária da menina com a mãe, no *Seminário, livro 20,* Lacan a formaliza a partir do gozo, do gozo fálico e do gozo não-todo fálico.

Quadro da sexuação

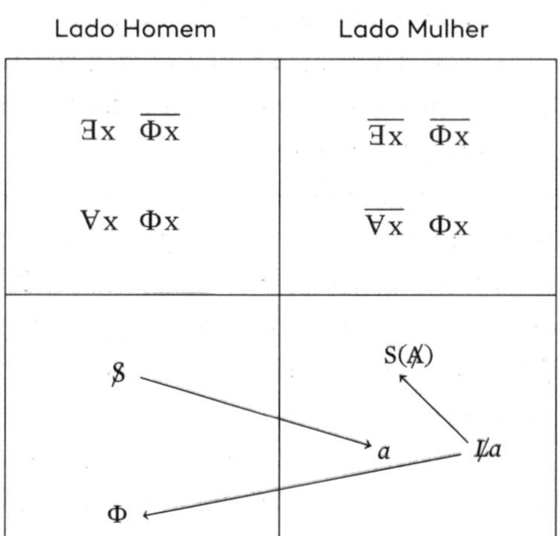

Do lado homem, a universal afirmativa – todo ser falante cumpre a função fálica – é verdadeira porque se sustenta numa exceção – existe ao menos um que não cumpre a função fálica. Em lógica, para que um sistema seja consistente, é necessário que haja uma exceção: a existência de ao menos um em relação ao qual não seja possível decidir se é verdadeiro ou falso. Nesse caso, a existência de uma exceção, representada pelo Pai de "Totem e tabu", Pai mítico que gozava de todas as mulheres, tem como implicação lógica a instauração de um limite fazendo com que todos os filhos se submetam à castração.

Desse lado está localizada a escrita do necessário e do possível da lógica modal. O possível está articulado ao *existe ao menos um que cessa de se escrever* na função fálica, ou seja, não se escreve mais: $\overline{\Phi x}$. Já o necessário *não cessa de se escrever* se articula ao $\forall x \quad \Phi x$. Se articula ao universal. Ou seja, a função fálica sempre se escreve para aqueles que se posicionam desse lado e têm seu gozo regido pela lei fálica.

Lacan (1985b, p. 15) diz que "o gozo fálico é o obstáculo pelo qual o homem não chega, eu diria, a gozar do corpo da mulher, precisamente porque o de que ele goza é do gozo do órgão". O homem goza de seu fantasma, $\$ ^{SM} a$, que, no quadro da sexuação, está representado por $\$ \rightarrow a$.

Do lado direito, do lado mulher, notamos que não há exceção, pois, nesse lugar, o que se apresenta é a negação do quantificador particular: não existe nenhuma que não cumpra a função fálica. Trata-se aqui de uma função foraclusiva, pois não há uma que represente o dizer que proíbe. O que está em jogo aqui é a impossibilidade de haver o juízo de existência, pois, sobre isso, não houve um juízo de atribuição primeiro. Na lógica modal se trata da categoria do impossível: *não cessa de não se escrever, não cessa de não se escrever uma exceção.*

Consequentemente não há delimitação de um conjunto fechado, de um limite, o todo aqui não se constitui. A inexistência de A mulher, escrita de modo lógico como "não existe nenhuma que não esteja submetida à função fálica", implica que elas não se escrevem totalmente na função fálica. Elas experimentam um gozo que não é civilizado pelo gozo fálico, um gozo mais além do falo. Lacan define esse gozo como um gozo suplementar, impossível de se circunscrever pelo significante.

Então, o gozo masculino tem relação com o objeto pulsional, o objeto *a*. O homem continua ligado à pulsão, preso ao gozo autoerótico sem haver abertura para o Outro sexo.

Embora o objeto *a* esteja do lado mulher no quadro da sexuação, percebe-se que o gozo feminino não passa por ele. Dizemos com isso que esse gozo é muito mais independente da exigência pulsional. O gozo feminino está direcionado ao Outro, ao amor do Outro, sob a forma de S($\not{A}$). É nessa vertente que a demanda de amor surge com toda a sua insistência.

Sob o viés do gozo, cabe ao amor fazer suplência à relação sexual que não existe, e, para isso, é necessário que se abra mão da satisfação autoerótica, que esse gozo pulsional seja descompletado, que lhe falte algo, para, assim, se entrar na dialética do desejo. É uma nova forma de pensar o amor, não apenas em sua vertente imaginária ou simbólica.

O amor, em sua função de suplência à relação sexual que não existe, é demonstrado por Lacan (1985b) a partir das categorias modais da contingência e do necessário. No encontro com o parceiro, pode acontecer que haja a

> ilusão de que algo não somente se articula, mas se inscreve no destino de cada um, pelo que, durante um tempo, um tempo de suspensão, o que seria a relação sexual encontra, no ser que fala, seu traço e sua via de miragem. O deslocamento da negação, do para de **não** se escrever ao **não** para de se escrever, da contingência à necessidade, é aí que está o ponto de suspensão a que se agarra todo o amor. Todo amor, por só subsistir pelo *para de não se escrever*, tende a fazer passar a negação ao *não para de se escrever, não para, não parará*. (Lacan, 1985a, p. 198-199)

Uma mulher busca nomear seu ser não pela via do objeto *a*, mas pela via do amor, que, ao estar direcionado a S(Ⱥ), se apresenta sem limites, porque obedece à lógica do não-todo. O sem limites em jogo na erotomania não se extrai do consentimento de uma mulher em estar como objeto causa de desejo de um homem, como acontece na mascarada, mas na sua relação ao S(Ⱥ).

O gozo feminino exige que o parceiro se apresente com Ⱥ, que lhe falte algo, justamente para que ele fale, que seja uma falta que o faça falar, falar palavras de amor. É nesse sentido que o amor na sexualidade feminina é tecido no gozo, porque uma mulher goza por amor.

Como podemos pensar uma mulher que se entrega à devoção ao amor sem se valer da ideia de masoquismo feminino, de mulheres submissas, apagadas, que fazem qualquer coisa para o objeto amoroso?

Laurent (1999) propõe a expressão *Potlatch* amoroso para descrever os fenômenos clínicos que se observam na vida amorosa de algumas mulheres. Esse termo *Potlatch* amoroso nos permite observar como se articula o gozo da privação e a demanda de amor.

Só para esclarecer, *Potlatch* é um termo da antropologia e define uma prática, principalmente entre tribos indígenas americanas, em que há uma demonstração de uma "compulsão para o prestígio", na qual se trabalha não pela riqueza ou pela posse em si de bens materiais, mas pelo prestígio que elas causam em seus competidores, pela destruição delas. Ou seja, nessa prática de poder, não é o acúmulo de bens que dá prestígio, mas sua destruição. Aqui, o prestígio e o respeito do outro são obtidos através da privação. Há uma satisfação que se extrai em fazer-se privado, nesse caso, de seus bens.

Com a introdução do conceito de privação, Lacan lança uma nova luz para dar conta desse gozo que as mulheres experimentam em se desfazer de seu ter, sem termos de pensar o ser da mulher a partir da satisfação masoquista.

Como vimos, a sexualidade no ser falante não se dá pela via do instinto; a biologia não determina que se é homem ou se é mulher. Em relação, por exemplo, à sexualidade masculina, o homem fabrica seu ser calcado na ameaça de castração. Isso está dado desde Freud, com o complexo de Édipo.

E com as meninas? Tal como Freud observou, a castração aí não pode mais ser uma ameaça, uma vez que ela já foi efetuada. Então, a mulher não teme nada, e, se ela faz seu ser, é se livrando do seu ter. Ou seja,

para fabricarem seu ser de mulher, elas são capazes de qualquer tipo de concessão em nome do amor de um homem; elas constroem um ser pela via da privação.

A mulher busca a palavra de amor supondo que essa palavra possa isolar um significante com o qual ela designe seu ser. É pela via do amor que se abre a perspectiva de se fazer toda, de encontrar um significante justo ali onde o significante não responde. A demanda de amor é dirigida para o surgimento de algo no lugar do significante foracluído, algo que possa cumprir a função de suplência. É preciso apontar que isso não deixa de conter certo risco, pois, desse modo, uma mulher se torna mais dependente dos signos de amor vindos do objeto amado. Ao enfatizarem, em suas relações amorosas, o fazer-se amar, as mulheres criam as condições para a emergência da via erotômana em sua relação com o parceiro, podendo fazer qualquer tipo de concessão. Tem-se nisso a vertente, tão comumente encontrada nas mulheres, da devoção.

Então, no campo amoroso, é possível a uma mulher enveredar pelo caminho de dar tudo para o homem amado, para ser tudo para ele, e ela vai muito longe nisso. Ela busca fabricar seu ser – ser esse impossível de ser representado pelo significante – a partir do ter. O primeiro passo consiste em perder, tal qual na prática do *Potlatch*, mas, justamente por ser um sujeito que está não-todo no gozo fálico, ela pode-se interrogar sobre o que quer nessa parceria e perceber que não é nada para o outro, que o único lugar que lhe é reservado é o de objeto maltratado. Quando isso acontece, sua posição subjetiva, nessa parceria, vacila. Isso porque a questão feminina não é ser tudo ou nada para um homem, mas ser o Outro sexo para ele.

Fabricar o ser pela subtração do ter nos envia para a solução proposta por Lacan de que o ser da mulher há de ser abordado pela via do suplemento, um suplemento em relação ao significante. A devoção ao amor não passa necessariamente em se fazer objeto causa de desejo de um homem, não depende das condições do desejo deste, mas de $S(\not{A})$.

Referências

BESSA, G. L. P. *Feminino*: um conjunto aberto ao infinito. Belo Horizonte: Scriptum Livros, 2012.

FREUD, S. O mal-estar na civilização. In: *Edição Standard das Obras Completas de Sigmund Freud*. Rio de Janeiro: Imago, Vol. XXI, 1976. p. 74-171. (Trabalho original publicado em 1930[1929]).

LACAN, J. *O Seminário, livro 3*: As psicoses. Rio de Janeiro: Jorge Zahar Ed., 1985a. (Trabalho original proferido em 1955-56).

LACAN, J. *O Seminário, livro 20*: Mais, ainda. Rio de Janeiro: Jorge Zahar Ed., 1985b. (Trabalho original proferido em 1972-73).

LACAN, J. *O Seminário, livro 18*: De um discurso que não fosse semblante. Rio de Janeiro: Jorge Zahar Ed., 2009. (Trabalho original proferido em 1970-71).

LAURENT, É. *Posiciones femeninas del ser*. Buenos Aires: Tres Haches, 1999.

MALEVAL, J.-C. *La forclusión del Nombre del Padre*: el concepto y su clínica. Buenos Aires: Paidós, 2002.

MILLER, J.-A. *Los signos del goce*. Buenos Aires: Paidós, 1998.

MILLER, J.-A. *La experiencia de lo real en la cura psicoanalítica*. Buenos Aires: Paidós, 2003.

O AMOR FEMININO NO DECLÍNIO DA FUNÇÃO PATERNA[1]

Nieves Soria

O amor é algo que está intrinsecamente ligado ao feminino. Podemos dizer que amor e feminino são dois lados da mesma moeda. Há uma relação intrínseca, radical, entre amor e feminilidade. De fato, às vezes Lacan dizia que um homem só pode amar enquanto mulher, ou em posição feminina. É forçar um pouco as coisas, me parece, mas chegava a dizer isso. Podemos dizer que há uma íntima relação entre a feminilidade e o amor, assim como há uma relação entre a masculinidade e a perversão. De fato, recordemos que Lacan dizia que, de um lado da cama, há um fetichista, e, do outro, uma louca de amor. Ou, também, dizia que, de um lado, há uma erotômana, e, do outro, um perverso polimorfo. Então, sempre a posição feminina fica ligada à loucura amorosa, com a erotomania. Por exemplo, Miller (2008), em *El partenaire-sínto-*

1 Texto apresentado em 13 de novembro 2020 no Núcleo de Pesquisa em Psicanálise e Medicina do IPSM/MG.

ma, dizia que o gozo feminino está entretecido com o amor. Podemos dizer que o amor é o próprio estofo do gozo feminino. Todas essas metáforas que Lacan utiliza para se referir ao gozo feminino, como o rapto, o arrebatamento, estão diretamente ligadas ao amor, assim como a figura dos místicos, de Santa Tereza; esse gozo que invade o corpo na escultura de Bernini é um gozo atravessado pelo amor.

Mas a questão é: de que amor se trata aqui? Lacan vai dizer que se trata de uma dimensão do amor que não se relaciona com um parceiro encarnado, mas sim de um amor ligado por um gozo em relação com uma ausência. Por isso a referência é Deus, o Deus dos místicos. É um amor ligado a uma ausência e, portanto, é um amor que em algum ponto deixa a mulher na solidão. O gozo feminino ligado ao amor deixa a mulher na solidão porque esse amor, na verdade, é um amor que excede ao parceiro. E que tem essa dimensão mística, que é a relação com um Outro ausente, que vai mais-além do parceiro. E, por isso, o insaciável da demanda de amor feminina. Lacan dizia que a mulher é uma louca de amor, embora dissesse que não é louca de todo, é uma louca de amor porque ali prevalece algo insaciável, um mais-ainda, isso que não se encerra na demanda de amor. É o que também vai se relacionar à vertente erotômana do gozo feminino.

Em uma mulher há algo aberto que não chega a se fechar, que está em relação com a inexistência d'*A*

Mulher. E esse gozo é um gozo que a deixa na solidão, a deixa sem parceiro. A inexistência do significante d'*A Mulher*, um significante que nomearia o feminino, está ligada à incidência do campo do amor na sexualidade feminina e também à dimensão erotômana, insaciável, o *aún*, o mais-ainda que caracteriza a clínica do amor feminino. É também uma clínica, quando o sujeito consulta o analista, da demanda de amor. Na clínica feminina do amor, o acento está fortemente posto na dimensão da demanda.

Então a pergunta que o convite de vocês me provoca é justamente qual é a incidência, no amor feminino, da função paterna? E, então, o que ocorre com a evaporação do pai na época da mutação capitalista do discurso do Mestre? Isso incide de alguma maneira no amor? Quais são essas incidências?

Então vou fazer uma breve introdução, são questões que venho trabalhando no meu último seminário, *Mutaciones del parlêtre*, e que também desenvolvi no seminário *La sexuación en cuestión* (Soria, 2020), que já está publicado. Outra referência fundamental para o tema é meu livro *Nudos del amor* (Soria, 2011). Nele, trabalho em mais detalhes a questão do amor e todas as suas variantes, e também aplicando a teoria dos nós ao amor. Assim, quem se interessar por um desenvolvimento mais exaustivo da questão do amor pode procurar nesse livro.

Então, como introdução, vou localizar as coordenadas do Édipo com relação à questão do amor. Lacan (1955-56/1985) afirmava frequentemente que o Édipo é um dispositivo de sexuação; por exemplo, no Seminário 3, quando dizia que o Nome-do-Pai é a rota principal que orienta as relações entre os sexos. Ou quando dizia, por exemplo, que a relação mais natural, que é a relação entre o macho e a fêmea, está perturbada no ser falante e só pode chegar a realizar-se através da mediação simbólica da metáfora paterna. Porém, mais-além das relações entre os sexos, também a dimensão do amor enquanto tal é colocada por Lacan como intimamente ligada à função paterna. Em muitos momentos do ensino de Lacan vamos encontrar a afirmação de que o amor, o campo do amor, a dimensão do amor, se abre com o Nome-do-Pai. Que a Lei do pai, como ele diz no Seminário 23 (Lacan, 1975-76/2007), é a lei do amor. Referindo-se às tábuas da Lei recebidas por Moisés no monte, ele diz que a Lei do pai é a lei do amor.

E, ao mesmo tempo, é a perversão. Porque essa Lei do amor introduzida pelo Nome-do-Pai é a que orienta, justamente, uma versão fantasmática; o fantasma como *père-version*, ou como versão do pai, está ligado à dimensão amorosa e ao amor ao pai, ao corte que o Nome-do-Pai introduz na estrutura do ser falante.

Então, de alguma maneira, podemos dizer que o Édipo, como dispositivo de sexuação, é, por um lado, uma suplência do instinto, no sentido de que possibilita que haja algum tipo de relação entre os sexos. Ali onde não existe a relação sexual como tal, ele possibilita uma relação sintomática entre os sexos. Por outro lado, podemos dizer que o Édipo introduz a dimensão do amor. Por isso, quando Lacan aborda a estrutura do Discurso Capitalista, sempre vai acentuar o fato de que este implica uma perda da dimensão amorosa. Podemos dizer que o ponto no qual está se movendo esse discurso – do ter fálico – é aquele em que um objeto vem obturar a falta, ou a castração, e cujo máximo representante seria o dinheiro. É o que Marx chamava de fetichismo da mercadoria. Um fetiche que vem suturar o furo estrutural da falta. Então as relações, os laços, já começam a constituir-se no nível das trocas e do ter. Tudo entra no nível do ter. As relações, os laços, fundamentalmente tudo: o tempo, o espaço, toda a estrutura do ser falante está, portanto, atravessada por esse objeto que sutura o furo estrutural. Por isso Lacan dizia que, ao foracluir a castração, o Discurso Capitalista rechaça as coisas do amor, deixa de lado as coisas do amor. Podem encontrar essa afirmação em *Estou falando com as paredes* (Lacan, 2011), curso que ele deu em Saint-Anne em 1972. Mas, por exemplo, no Seminário 21 (Lacan, 1973-74), Lacan também dizia que, na medida em que o Nome-do-Pai perde vigência, o ser falante deixa de preferir a nominação paterna e emergem outras novas nominações – como o nomear-para – que provém exclusivamente do desejo da mãe.

Esse movimento de perda de vigência da dimensão paterna traz, como ele diz também no Seminário 21, uma perda da dimensão amorosa. E isso justamente porque Lacan define o amor como castração. No Seminário 8 (Lacan, 1960-61/1992) estão todas as declinações das relações entre o amor e a castração, como a famosa frase que diz que o amor é dar o que não se tem, ou seja, a falta. E justamente a relação entre amor e Nome-do-Pai tem a ver com o fato de que o Pai é o agente da castração. Ou seja, a função paterna é a função de transmissão da falta. Então o amor é uma consequência dessa transmissão simbólica da falta, da castração. Por isso o Nome-do-Pai abre a dimensão do amor.

Sendo assim, como pensar os efeitos do declínio do Nome-do-Pai ou, mais radicalmente, como diz Lacan em 1968, a evaporação do Nome-do-Pai? Em 1968, na *Nota sobre o pai*, Lacan fala da *evaporação* do Nome-do-Pai e diz: o Nome-do-Pai evapora e fica uma cicatriz. Isso é muito interessante para pensar a época, porque justamente ele vai dizer que essa cicatriz é a segregação. E, já nessa época, nos anos 60, Lacan antecipava a ascensão do racismo e os processos crescentes de segregação como efeitos da evaporação do pai, como efeitos da perda da dimensão do amor, porque o amor é o que possibilita não odiar o diferente.

Então, como pensar os efeitos da evaporação do Nome-do-Pai sobre o amor feminino? Para isso, vou agora compartilhar meus slides com vocês para que sigamos um percurso com as fórmulas da sexuação.

Discurso do Mestre e lado homem

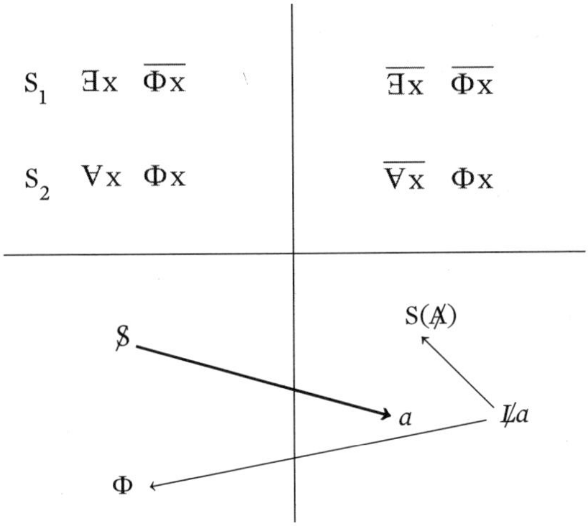

Bem, estão aqui os dois lados da fórmula da sexuação. O lado esquerdo é o lado edípico, que Lacan constrói com a conjunção do mito do Édipo com o mito de *Totem e Tabu*. Aqui é importante dizer que, de alguma maneira, ficará situada no lado esquerdo (ou no lado macho, como Lacan chama algumas vezes) a relação com o Discurso do Mestre. Ou seja, é a partir de um S1, de uma função de exceção, na qual vamos situar o Nome-do-Pai, que se produz o S2, o fechamento do Universal masculino fálico. Marquei com uma seta mais grossa para vocês verem como, do lado esquerdo da fórmula, podemos situar o Discurso do Mestre clássico. Isso quer dizer que essas fórmulas de sexuação de alguma maneira dão conta do Édipo como aparato de sexuação. Vemos que há uma diferença sexual em jogo, que há dois lados, mas que isso se constitui a partir do lado esquerdo, do lado edípico.

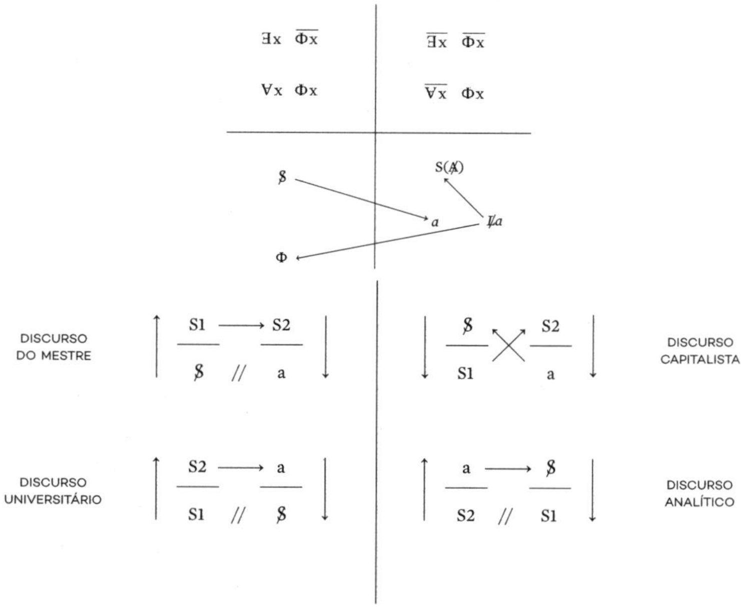

Nesse sentido, também me parece importante localizar aqui algo dos discursos. Ou seja, do lado esquerdo encontraremos o Discurso do Mestre e também o Discurso Universitário, que seria uma primeira mutação capitalista do Discurso do Mestre, segundo Lacan. Porém, vamos ver que já o Discurso Capitalista, como ele escreve em 1972, numa Conferência em Milão, é um discurso que já está ligado a uma lógica que não é a lógica edípica. Não é uma lógica ligada ao lado esquerdo das fórmulas da sexuação. Isso porque, no Discurso Capitalista, o que encontramos é a perda da referência à função do S1 como função de exceção paterna. Lembrem-se de que no Discurso do Mestre clássico temos uma orientação pelo S1, pelo significante-mestre, no qual podemos localizar o Nome-do-Pai. Lacan diz que o Nome-do-Pai agencia o Discurso do Mestre, faz semblante de Mestre. Então, introduz-se a lógica da castração. No Discurso Capitalista, vemos que o que falta é o ponto de impasse no movimento das flechas entre os elementos. Falta um ponto que seja a localização do impossível. Por isso, quando Lacan propõe o Discurso Capitalista na Conferência em Milão, ele diz que é um discurso loucamente astuto que está movido por esse sujeito que é o consumidor. Já não é mais o sujeito do inconsciente, e sim o consumidor; e vejam como se perde a separação, que encontramos nos discursos clássicos, entre os termos inferiores. Ou seja, falta a localização da impotência de cada discurso, que vai suportar sua impossibilidade.

O impossível de cada discurso, poderíamos dizer que é a sua castração. Ou seja, a castração real de cada discurso é o ponto de impossível de cada um deles. Então, nos discursos clássicos, o ponto de impossível de cada um deles possibilita passar ao outro. E aí aparece o amor. Lacan dizia que o amor é um signo da mudança de discurso. Por isso também o Discurso Analítico está relacionado ao amor – ao amor de transferência. E por isso também dizia que há emergência do Discurso Analítico a cada vez que se passa de um discurso ao outro. Porém, essa possiblidade amorosa de passar de um discurso ao outro é dada pelo ponto de impossível, a castração de cada um deles. É isso que não acontece com o Discurso Capitalista. O Discurso Capitalista não localiza o impossível, não abriga em sua lógica a castração, ele a rechaça, a evapora, e por isso produz um circuito infernal, que não dá lugar a uma saída.

Então, o Discurso Capitalista não opera na lógica da castração. E por isso o situamos do lado direito da fórmula, especialmente em relação ao quantificador de cima à direita. Ele diz que não existe a exceção.

Não existe um x que diga que não à função fálica, é a inexistência da exceção. Esse quantificador é o sem-limite, mas também é a inexistência da exceção que diz da falta de um S1, de uma referência, de alguém que encarne um lugar de autoridade, daquele que seria, em termos freudianos, o líder da massa clássica, o que merece amor e respeito, a função do pai. Isso se perde, e então temos a multiplicidade de significantes soltos, a multiplicidade de corpos que não chegam a constituir uma massa localizada pelo amor ao pai.

Agora vou avançar sobre como isso incide na sexualidade feminina e no amor feminino. Mas, fundamentalmente, me interessa antes situar uma colocação de Miller (2008), em *El partenaire-síntoma*, em que ele lê as fórmulas da sexuação como estruturas significantes no corpo. É interessante porque ele lê as fórmulas articuladas com o corpo. É uma leitura da lógica das fórmulas que vai na direção de uma clínica da sexuação. Ele retoma o Seminário 10 (Lacan, 1962-63/2005) com o Seminário 20 (Lacan, 1972-73/1985), é muito clínico e muito interessante, e nos permite entender essa distinção entre a perversão polimorfa do macho e a erotomania feminina.

$\forall x \; \Phi x \quad \exists x \; \overline{\Phi x}$

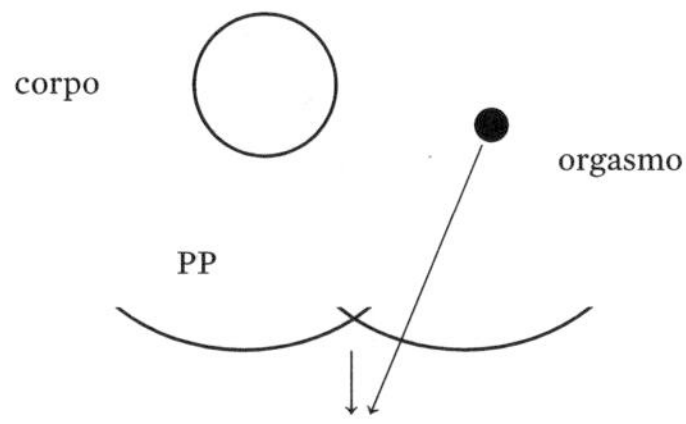

Miller coloca do lado esquerdo das fórmulas da sexuação essa possibilidade de fechamento do conjunto, graças ao S1 que se extrai. Graças à função da exceção, se fecha um conjunto e isso, no plano corporal, como diz Miller, implica um fechamento do narcisismo. Na sexualidade masculina, podemos dizer que há um narcisismo cerrado, porque se alcança a imagem narcísica graças a um órgão que se extrai do corpo como significante, e que é o falo, essa função de exceção. Há um órgão no corpo masculino que cumpre uma função de exceção com relação ao restante dos órgãos, porque é elevado à função significante e extraído do corpo imaginário. Essa extração do falo para fora do corpo imaginário possibilita uma localização de gozo no órgão, que vai dar conta da estrutura do orgasmo masculino, que é localizada, finita, uma curva que começa e termina. Portanto, a prevalência do gozo do órgão na sexualidade masculina. Enquanto que, na sexualidade feminina, uma vez que não há nenhum órgão no corpo que se preste a essa função de elevar-se à função significante, ser extraído do corpo e armar o narcisismo, então temos um narcisismo aberto.

$$\overline{\forall x}\ \Phi x$$

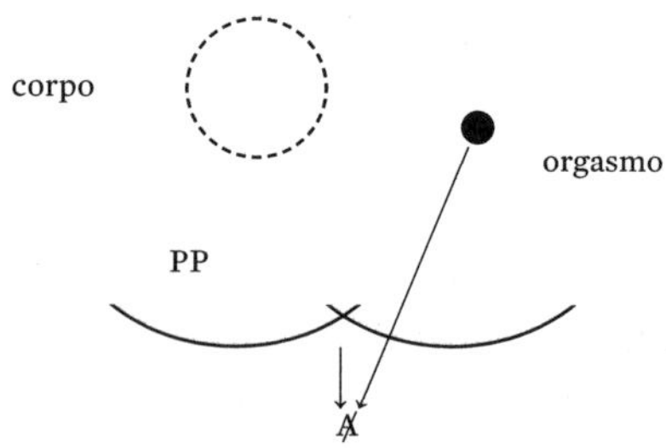

Por isso o apego das mulheres ao espelho, a importância e a prevalência que tem a imagem do corpo na sexualidade feminina. É justamente porque há algo do narcisismo que não se fecha, que não fecha um conjunto, porque não há esse órgão que possa ser extraído como significante e que permita fechar um conjunto. Temos, assim, um conjunto aberto que suporta um gozo deslocalizado, já que não há um órgão fora do corpo onde se localizar. Então o orgasmo feminino está ligado a uma abertura, a algo que não se localiza, e que então vai estar justamente ligado ao rapto amoroso.

Então, se temos o Discurso do Mestre clássico, em que opera o Édipo, podemos situar, nos distintos quantificadores das fórmulas da sexuação, distintas variantes do amor. Podemos situar no primeiro quantificador acima à esquerda, da exceção paterna, $\exists x \, \overline{\Phi x}$, ali podemos situar o amor ao pai. O pai se faz digno de amor e respeito por encarnar uma função de exceção. E nos quantificadores inferiores do lado esquerdo temos um para-todos: a lei do amor, que também é a *père-version*. Temos ali o suporte do fantasma. Então, o amor ao pai permite que o ser falante seja atravessado pela lei do amor, pela lei da castração, e esteja enganchado ao fantasma como versão do pai.

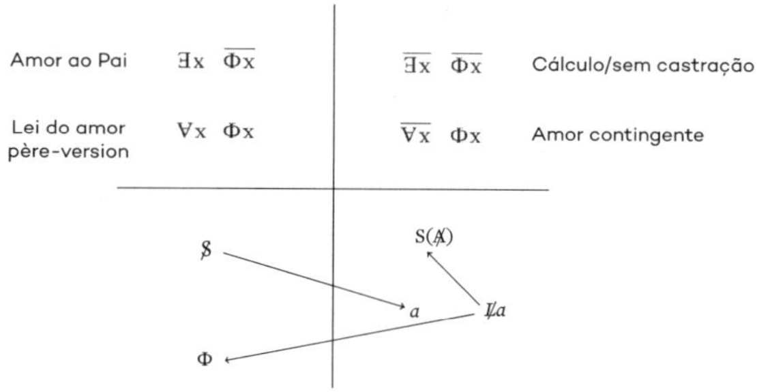

Do lado direito das fórmulas, no quantificador de cima à direita, podemos situar a lógica capitalista, que é a lógica do cálculo, do sem exceção. Aqui, não opera mais a função de autoridade, do líder, do pai, do modelo de exceção, e sim uma vigência do cálculo, do algoritmo. Não opera a função da castração porque tudo é calculável, porque qualquer falha é um erro a corrigir. É a lógica do discurso da psicologia baseada em evidências. Também é a lógica do discurso de gênero. Há erros a se corrigir. A falha é um erro a se corrigir. E se corrige pedagogicamente, se corrige aprendendo. Esse é o ponto que têm em comum esses retornos do Discurso Capitalista que são o discurso da psicologia baseada em evidências e o discurso de gênero.

No quantificador abaixo à direita, temos então a dimensão contingente do amor. Já não é amor ao pai, o amor sustentado pela *père-version* paterna, e sim a dimensão do amor na contingência. Não é um amor fantasmático, o amor desse lado em relação com o quantificador do não-todo; não é fantasmático pois as setas que saem do A barrado não tocam o objeto do fantasma. Uma seta vai para o falo, e a outra vai para o significante da falta no Outro. Não é um amor fantasmático, ainda que Lacan afirme que uma mulher pode, por amor, adequar-se ao fantasma de um homem, passar a encarnar o lugar de objeto de desejo de um homem e encarnar, como ele diz, a *hora da verdade* para um homem. Então uma mulher pode fazer esse movimento de *entrar* no fantasma de um homem, mas não é com isso que vai amar.

Então, temos aí um amor que não está do lado do fantasma, e que se relaciona com o quantificador inferior do lado direito.

Como se entende isso? Por que esse amor do lado direito das fórmulas, no quantificador do não-todo, por que esse amor é possível? Como é possível? É possível porque do primeiro quantificador ao segundo há uma passagem pelo lado esquerdo.

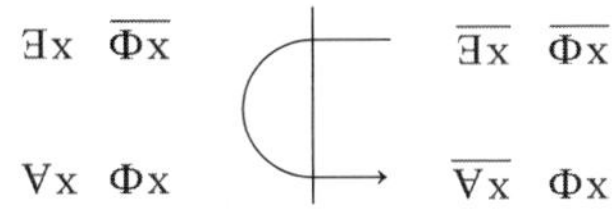

Ou seja, temos o quantificador da inexistência da exceção. Aí não está operando a lógica paterna. Essa é a lógica que impera no supereu capitalista: a inexistência da exceção. Isso seria, digamos, a lógica da devastação capitalista. Mas a passagem desse primeiro quantificador ao segundo implica uma passagem pelo lado esquerdo. Por quê? Porque o não-todo implica que a lógica fálica esteja em vigência. Mas com algo a mais, um suplemento: é *não-todo* fálico. Então, dizemos que isso já implica uma passagem pelo lado esquerdo, implica uma passagem pelo amor ao pai. Também podemos aplicar esse esquema para pensar a Conferência sobre a feminilidade, de Freud, por exemplo. Podemos dizer que a relação pré-edípica com a mãe é a relação com o quantificador de cima à direita, da inexistência da exceção. Ali, ainda não está em jogo a entrada do pai, e há mulheres que permanecem aí toda a vida, nessa ligação à mãe pré-edípica, e é a devastação mãe-filha. Elas não fazem laço com o falo nem com a castração. Mas também há a mulher que se volta para o pai como porto seguro, como diz Freud, se separando da mãe e passando então ao lado esquerdo. Desde aí, se vai constituindo o não-todo. Por um lado, temos sua feminilidade, e, por outro, essa passagem pela lógica fálica. Mas devemos notar que essa seta volta ao feminino, uma vez que essa passagem pela lógica fálica não vai lhe fornecer os elementos para ela se situar como mulher. Então, por isso, volta ao lado direito como não-toda, ou seja, vai ficar em relação com o gozo fálico, mas também em relação com o Outro gozo, com um gozo que não é fálico, que, como mostram as fórmulas, encontramos aqui, no S(Ⱥ), significante da falta no Outro.

Sendo assim, como pensar a questão dos efeitos da evaporação do pai na dimensão do amor feminino? Um efeito da evaporação do pai na sexualidade feminina, que vai ter consequências no campo do amor, é que o sujeito permaneça totalmente por fora da lógica falo-castração. Que fique do lado da devastação e da errância, onde o que prevalece é esse quantificador da inexistência da exceção e do sem limites.

Estrago - errância

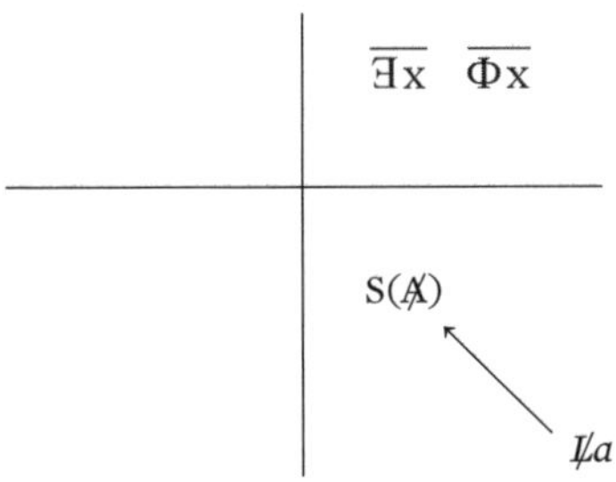

No plano do gozo, o que prevalece aí é um gozo em relação a uma ausência, um gozo solitário. O que esse gozo geralmente provoca, como ele não é redobrado pelo gozo fálico, como não está ali a outra seta que vai até o falo... Essa outra seta que vai até o falo funciona como ancoragem para uma mulher. Quando isso não está em jogo, o sujeito fica envolvido em um gozo sem limites, no qual não há nada que funciona como âncora, como referência, como orientação. Geralmente isso se manifesta na clínica como angústia ou depressão. No plano do amor, nesses casos, o que encontramos é ou o sujeito que não sustenta a possibilidade do laço amoroso, ou então o sujeito numa demanda de amor sem limites. Como nada lhe faz exceção, nada lhe faz limite, então se faz presente uma angústia feroz. A intervenção analítica vai ter a ver com introduzir alguma âncora em relação ao limite que impõe a lógica da castração.

Nesse sentido, parece interessante justamente situar nesse esquema que fiz aqui que o Discurso Analítico também está do lado direito das fórmulas da sexuação, porque parte do objeto *a* como agente. E o objeto está do lado direito das fórmulas.

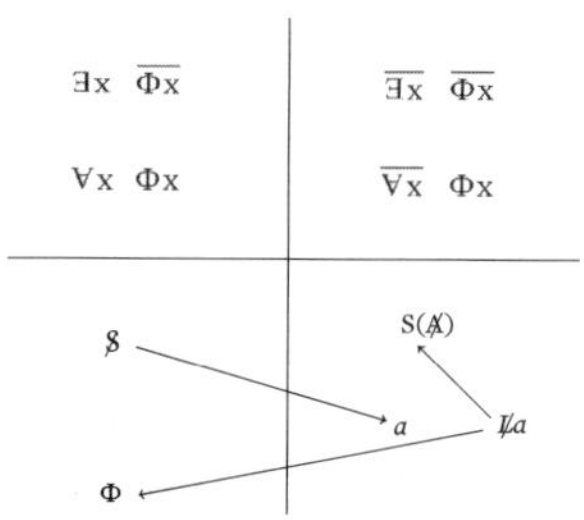

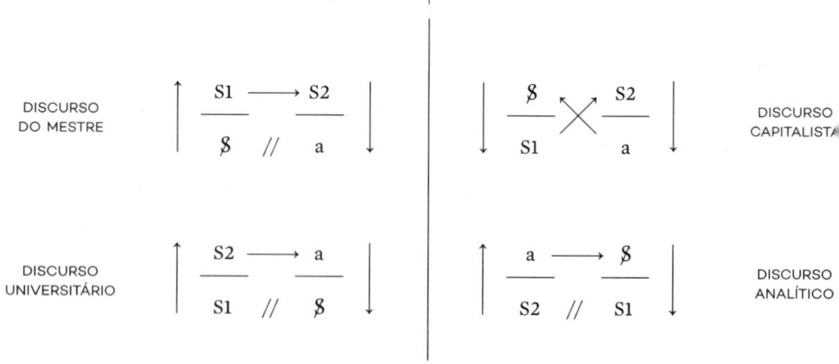

É interessante, porque é por isso mesmo que o Discurso Analítico pode ser uma saída do Discurso Capitalista. Digamos que ele disputa o mesmo terreno que o Discurso Capitalista. Desta forma, o Discurso Analítico, com o amor de transferência, permite fazer uma inversão da seta, que vai do *a* ao $. Vejam que tanto no Discurso Capitalista quanto no Discurso Analítico temos uma seta que vai do *a* ao $. O analista, ao situar-se como objeto, disputa um lugar com os *gadgets,* com as *latusas,* e instaura a dimensão do amor de transferência, que possibilita um laço com o lado esquerdo. Esse laço não vai ser edípico, no sentido estrito, porque não é uma restauração do Discurso do Mestre. É o reverso. Assim, é a possibilidade de servir-se dessa dimensão do amor como contingente, no encontro amoroso com o analista, que possibilita certa relação com o lado esquerdo.

Outra possibilidade frente à evaporação do pai é a devastação, a errância, em que o sujeito fica totalmente desarticulado do falo – o sujeito feminino. Estamos falando hoje só das mulheres, pois para isso me convidaram. E aqui temos outra possibilidade, que é levar em conta o que Lacan afirmava, e que eu desenvolvi bastante este ano no meu seminário *Mutaciones del Parlêtre.* Lacan (1974/2023) afirmava, por exemplo, em *A Terceira,* que a ciência pode preencher o gozo do Outro barrado. O lugar onde falta um significante no Outro pode ser suturado pelo *gadget.* Por isso pus aí o *a* como tampando, tamponando a barra do Outro, da inexistência do Outro. Quando a tecnociência vem funcionar para um sujeito, para um *parlêtre*, como sutura do furo – para um *parlêtre* feminino –, quando chega a cumprir essa função de sutura do furo, podemos dizer então que desaparece a barra do A. Aparece então a crença n'*A Mulher*, sem barra. E isso vai implicar certo recurso ao lado esquerdo, porém com um falo puramente imaginário, não atravessado pela castração. Isso é próprio do Discurso Capitalista, a recusa da castração.

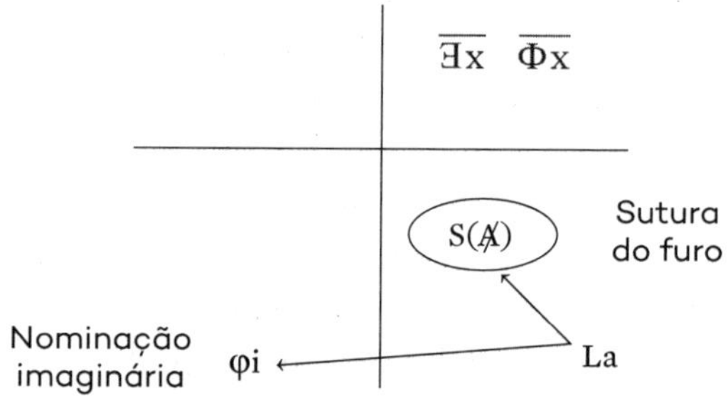

É um recurso ao falo imaginário, que eu chamo de *simulacro*. Porque não é um semblante; não se articula com um real. Então, podemos situar aí, por exemplo, casos de anorexia e também certas transexualidades chamadas masculinas. Vocês viram que quando uma mulher biológica troca de gênero para um gênero masculino, por exemplo, isso se chama transexualidade masculina. Nesses casos de mulheres biológicas que passam a se nomear, a partir do falo imaginário, como homens, vemos a importância da imagem do corpo, o peso que tem o espelho nesses casos. Tanto na anorexia e bulimia, quanto nos casos de transexualidade masculina, tudo passa pela imagem, porque se espera uma nominação da imagem, que a imagem mesma enode. Isso é uma imagem ideal, uma imagem ideal d'*A Mulher*. A anoréxica busca a imagem ideal d'*A Mulher*. O transexual masculino busca a imagem ideal d'*A Mulher*. Não todos, certo? Estou falando dos casos em que se põe em jogo em primeiro plano essa questão da dimensão da imagem.

Na transexualidade masculina, vou fazer duas distinções fundamentais. Uma, quando a ênfase está posta no *ter* fálico. Então, geralmente, o sujeito busca a reconstrução do órgão, não é? Ali se trata justamente do exercício do *ter* fálico imaginário, do falo imaginário, mas do lado do portador, podemos dizer assim. E, depois, há toda uma outra série de casos de transexualidade masculina, nos quais se trata de *ser* o falo para o desejo da mãe. Então vocês perguntarão: por que seria necessário tornar-se um rapaz para ser falo para o desejo da mãe? Bom, é porque nesses casos o sujeito intui, às vezes adivinha, que é justamente um filho rapaz que funciona como falo para a mãe, e não uma filha mulher. Podemos verificar isso em alguns casos de mães de transexuais masculinos. Por exemplo, é muito interessante um caso de uma analisante que se analisa há mais ou menos dez anos comigo. Ela veio justamente quando sua filha mulher entrou na puberdade, e minha paciente entra numa coisa bastante habitual, que escutamos bastante na clínica das mulheres, entra numa rivalidade com sua filha mulher, e de muita ferocidade. Assim começa seu sintoma, e então ela se consulta comigo. Em todo o primeiro tempo da sua análise, a questão era o rechaço dessa filha. Ela começa a se dar conta de que sempre a havia rechaçado. Inclusive, começa a recordar episódios da infância da filha, quando a deixava cair. Num desses episódios, a filha caminhava perto de uma estrada, chega muito perto dos automóveis e se salva por casualidade, etc. Então, depois de muitos anos de análise, mais ou menos seis anos de análise, ela pode começar a situar que o que ela rechaçava nessa filha era sua condição de mulher. Não era algo do lado do eu nem nada evidente para ela. Foi todo um trabalho analítico que a levou a descobrir isso. Hoje, essa filha é um filho.

Bom, fico por aqui.

Transcrição e tradução Mateus Mourão
Revisão da tradução Bernadete Carvalho

Referências

LACAN, J. *Le Séminaire, livre 21*: Les non-dupes errent. 1973-1974. (Texto inédito).

LACAN, J. *O Seminário, livro 20*: Mais, ainda. Rio de Janeiro: Jorge Zahar Ed., 1985. (Trabalho original proferido em 1972-73).

LACAN, J. *O Seminário, livro 8*: A transferência. Rio de Janeiro: Jorge Zahar Ed., 1992. (Trabalho original proferido em 1960-61).

LACAN, J. *O Seminário, livro 10*: A angústia. Rio de Janeiro: Jorge Zahar Ed., 2005. (Trabalho original proferido em 1962-63).

LACAN, J. *O Seminário, livro 23*: O sinthoma. Rio de Janeiro: Jorge Zahar Ed., 2007. (Trabalho original proferido em 1975-76).

LACAN, J. *Estou falando com as paredes*. Rio de Janeiro: Jorge Zahar Ed., 2011. (Trabalho original publicado em 1971-72).

LACAN, J. A terceira. In: LACAN, J.; MILLER, J.-A. *A terceira/ Teoria de lalíngua*. Rio de Janeiro: Jorge Zahar Ed., 2023. (Texto original publicado em 1974).

MILLER, J.-A. El partenaire-síntoma. In: *Los cursos psicoanalíticos de Jacques-Alain Miller*. Buenos Aires: Paidós, 2008.

SORIA, N. *Nudos del amor*. Para una clínica de la pareja-síntoma. Buenos Aires: Del Bucle, 2011.

SORIA, N. *La sexuación en cuestión*. Buenos Aires: Del Bucle, 2020.

O PARCEIRO DEVASTAÇÃO

NÓS?[1]

Ludmilla Feres Faria

No filme *A esposa*, dirigido pelo sueco Björn Runge, baseado no livro homônimo de Meg Wolitzer, a protagonista Joan Castleman[2] deve acompanhar seu marido Joe[3] à Suécia após ele ter sido escolhido para receber o prêmio Nobel de Literatura, no ano de 1992, por suas obras mundialmente aclamadas.

O filme se desenrola a partir desse anúncio e em meio a um misto de desconforto dos protagonistas, que se manifestam em prolongados silêncios recortados por *flashbacks* dos últimos quarenta anos da vida do casal. A primeira cena já descortina um desencontro: o marido quer fazer sexo e ela não. Após ele dizer que ela não precisa fazer nada, basta ficar quieta, ela aceita. Entre essa cena e a entrega do prêmio, numa Suécia fria e refinada, esse desencontro vai se alargan-

1 Texto apresentado no Núcleo de Psicanálise e Direito em 2020.

2 Interpretada por Glenn Close, indicada ao de Oscar de Melhor Atriz em 2009.

3 Interpretado por Jonathan Pryce.

do até tomar proporções incontornáveis. O que desfez essa parceria? Por que justamente no momento em que o Nobel vinha coroar o laço, ele se desata? Afinal, parece claro que os livros eram o maior bem comum aos dois; nada fazia deles mais "Nós/Noz".[4]

O diretor não perde o foco ao desdobrar, um após outro, os motivos que poderiam ter levado Joan a dar um basta no casamento. As traições, a vaidade exacerbada do marido, o lugar relegado a ela de "esposa" do astro e, ainda mais, o que se descortina, ao final, como um furo: a descoberta por um jornalista de que é ela a verdadeira escritora. Desde o início era Joan quem escrevia os livros, que, após terminados, eram entregues ao marido para que ele assumisse a autoria e o sucesso. Enquanto ela passava suas horas fechada no escritório escrevendo, ele cuidava da casa e das crianças. Por que Joan não assume a autoria de seus livros? Por que entrega seu trabalho ao marido? Tais perguntas podem ser respondidas pela célebre frase de Lacan (2003, p. 538) do texto "Televisão": "todas as mulheres são loucas... não loucas de todo, mas antes conciliadoras, a ponto de não haver limites para as concessões que cada uma faz a um homem; de seu corpo, de sua alma, de seus bens".

4 *Noz* é nome do livro publicado pelo personagem Joe, ganhador do Nobel.

Quando se conheceram, ele era um professor universitário que já havia publicado um livro de sucesso, mas que não conseguia escrever o seguinte. Enquanto ela, uma jovem aluna, buscava nele o reconhecimento de seus escritos. Foi a partir desses escritos que o laço entre os dois aconteceu. Ele, cada vez mais frustrado com a falta de inspiração, e ela, descrente de que um dia poderia escrever algo publicável. A frase dita por uma colega ajuda a sustentar sua ideia de que ela dependia dele para ter sucesso: "Nunca pense que você vai conseguir a atenção deles. Dos homens. São eles quem escrevem as críticas, são donos das editoras, quem editam as revistas literárias, quem decidem quem será levado a sério, quem será alçado a um pedestal e ficará lá para o resto da vida". Se a parceria inicia-se *aí, a pergunta talvez não seja com quem se fez a parceria, mas com o quê*. Ou seja, o que cada um deles encontra no outro? Como nos lembra Miller, como e em que condições o Outro se torna meio de gozo, já que o *falasser* se serve do Outro para gozar? É essa pergunta que se impõe no momento em que o segredo é revelado: quais são as condições para o encontro dos corpos falantes de Joan e Joe?

O diretor vai mostrando aos poucos, mas com cenas fortes, o lado tosco de Joe. Trata-se de um homem que, passados quarenta anos de casamento, continua seduzindo as jovens com as mesmas cantadas antigas, sem nenhuma discrição, e que se deslumbra com as glórias do sucesso crescente dos livros que finge escrever. Por outro lado, Joan parece ir se afastando cada vez mais dessa cena vendo, de um outro ângulo, a mesma velha história se repetir. Mas o que mudou, se tudo parece estar no mesmo lugar?

Nas críticas sobre o filme, destaca-se a relação tóxica ou abusiva entre os dois. Segundo os críticos, Joan "sacrificou suas aspirações, passando a viver, praticamente, a vida do marido, como sua apoiadora, ou, como Joe bem define, como a sua verdadeira metade", o que acrescenta-se o fato que "no seu olhar está a dor de um segredo, a angústia da injustiça e os sacrifícios e as incoerências de quem ama profundamente" (A esposa..., 2019). Segundo o site Temperos de Cinema, o filme retrata, numa história cheia de sutileza, o auge da misoginia, que pode ser descrita a partir da máxima: "uma grande mulher por trás de um grande homem". E, partindo desse viés, a história de um homem abusivo e uma mulher infeliz e maltratada defende a ideia de uma revolução feminina, ou um basta. Trata-se de uma possível leitura, claro.

Mas podemos nos perguntar se de fato seria apenas uma questão de libertar as mulheres, no caso de Joan, do poder machista de seu marido? Ou de um discurso que a restringe, sem que ela saiba, em favor de outro, que afirmaria sua independência de ser sexual? Do lado da psicanálise, não se trata disso. O discurso analítico, desde Freud, fez vir à tona a disjunção radical da sexualidade nos seres falantes. Pelo fato de falar, eles não são regidos pelo programa do instinto, que prescreveria uma lei para aproximar os corpos sexuais. No lugar dessa lei, existe um furo, donde provém o anúncio de Lacan (1985, p. 127) "não existe relação sexual" denunciando "isso que não para de não se escrever". É nesse sentido que Lacan não considera que se deva ratificar a ficção de uma relação feliz e sistêmica entre os sexos divididos em duas metades. A divisão da humanidade em duas metades continua sendo algo complicado e inexplicável. Então, o que estabelece exatamente a proporção sexual? Quais são as condições para que o encontro dos corpos falantes, encontro contingente, faça acontecimento e que eles se liguem, apesar da impossibilidade?

Com as fórmulas da sexuação, Lacan busca dar conta desse exílio dos sexos demonstrando que os encontros que se produzem são sempre sintomáticos. Ou seja, a fórmula "não há relação sexual" quer dizer que "o falasser, como ser sexuado, faz parceria, não no nível do significante puro, mas no nível do gozo, e essa ligação é sempre sintomática" (Miller, 2008, p. 410). Nesse sentido, podemos tomar o discurso da igualdade, tal como o abordado pela crítica sobre o filme *A esposa*, como uma forma de desconsiderar o gozo presente nas escolhas amorosas.

Em nossa leitura, devemos considerar que a escolha do lado masculino se caracteriza por buscar o objeto *a* de sua fantasia, o objeto fetiche, no corpo do Outro. Seu modo de gozar exige que seu parceiro responda a um modelo, a um pequeno detalhe; trata-se de um gozo que se sustenta no silêncio. Enquanto, do lado do "Outro feminino", o gozo é enigmático, "um gozo dela sobre o qual talvez ela mesma não saiba nada, a não ser que o experimenta — isto ela sabe" (Lacan, 1985, p. 100). Suplementar em relação ao gozo fálico, esse gozo se impõe ao parceiro de forma ilimitada, daí que a demanda de amor desempenha, do lado feminino, uma visada ao infinito. Conforme salienta Miller (1998, p. 118), essa demanda de amor presente do lado feminino vai além de tudo o que o parceiro pode oferecer e retorna sob a forma da devastação. E é nesse sentido que ele é contundente em afirmar que "a devastação é a outra face do amor; se ele me bate não é o que conta, o que conta é que eu seja seu objeto, se isso me devasta, tanto melhor".

Esse impasse entre os dois modos de estar na parceria é o que, em nossa leitura, se apresenta no filme *A esposa*. Do lado de Joe, a presença desse gozo localizado, que não demanda amar, goza com o objeto, daí sua vocação à troca, enquanto, do lado de Joan, para gozar é preciso amar, é preciso que o outro saia da lógica do necessário, dos objetos intercambiáveis, e diga palavras de amor. E quando isso não vem, o retorno toma a forma de devastação, o que fica claro nas cenas em que ela é tomada pelo ódio, quebra tudo e ameaça abandoná-lo. Uma parceria entre o bruto e a louca, tal como nomeada por Miller.

Servir-nos-emos do comentário de Laurent (2019) sobre o texto "O aturdito" para entender um pouco mais o que desfaz essa parceria. Segundo Laurent, o feminino, nomeado por Lacan "não todo", pode desencadear, na parceria, as figuras mais ferozes do supereu. Ou seja, a posição feminina pode se apresentar como a verdadeira posição superegoica, aquela que enuncia a ordem de gozo. Daí a desconfiança necessária com essa voz inocente que, em alguns momentos, diz "você me satisfaz". Para Laurent, todo homem deve, como Ulisses, afrontar esse chamado de converter-se em amigo das mulheres, pois ele anuncia que entre homens e mulheres não há diferença, que nada os distingue e nem os separa, e que o amor é capaz de levar a uma igualdade sistêmica: um é o outro e outro é um.

É apoiado nessa crença de fazer de dois, "Nós", que Joe joga todas as suas cartas. Aí está sua brutalidade: ele não percebe que os poderes nocivos do chamado ao Outro gozo não se desvanecem nesse espelhismo; ao contrário. Podemos entender o efeito desestabilizador do encontro de Joan com o repórter, que denuncia o engodo dessa parceria ao mesmo tempo em que desperta as lembranças e os desejos da jovem escritora. Para Joan, toda a história do casal, a partir daí, retorna em *flashbacks* e com nova conotação, e quando a separação se torna a única saída, acaba por levar o casal ao pior.

Por outro lado, Laurent assegura que não se trata de tomar uma posição conservadora e defender a ideia de que o mistério feminino ficará definitivamente sem respostas e que é inútil lançar-se na via da distribuição de direitos e deveres. A psicanálise não diz que sejam vãos os esforços para conquistar a igualdade de direitos. Ela não procura desanimar ninguém. Mas sua posição consiste em sustentar que a voz do supereu (*surmoitié*; super-m*eu*-tade), o imperativo mortífero, só é mortífera para aquele que se recusa a afrontar a originalidade da posição feminina. Quando se está do lado homem, inclusive para as mulheres, o verdadeiro favor que se deve fazer é não fazer-se amigo delas, mas restaurar a relação com S(Ⱥ), com a incompletude do Outro. É dessa posição que o homem pode fazer-se "o relevo para que a mulher se converta em Outro para ela mesma, como é para ele" (Lacan, 1998, p. 701).

Assim como ao chamado de "seja todo para mim, como eu sou para você", deve-se recordar a esse sujeito feminino que não há palavras que concordem com a exigência desse chamado ao todo, pois não se trata de que o homem adivinhe seu lugar nem de identificá-lo ao falo, mas que saiba responder a esse chamado. Ou seja, não se deixar enganar pelo canto das sereias. Do contrário, será prisioneiro, na melhor hipótese, da chicana dos sexos.

Trata-se de uma possível leitura do filme *A esposa*. Na tentativa de fazer um "nós", uma igualdade entre os sexos, pode-se encontrar o pior. Joe, cada vez mais seduzido pelo canto da sereia, se crê dono da situação, no auge do poder. E é nesse momento que Joan resolve subtrair-se dos limites impostos e desfazer essa miragem.

Do lado do analista, espera-se que saiba responder ao supereu feminino. Ao analista incumbe dizer "você quer que eu seja esse Outro que existe para você?". Lembremo-nos de que não existe Outro do Outro e que a última palavra sempre escapa: é com isso que temos que nos haver.

Referências

A ESPOSA. Dir. Björn Runge. EUA/UK/SUE, 100 min. Alpha Films, 2018.

A ESPOSA, no Moviecom Arte. Temperos de Cinema, 2019. Disponível em: <http://temperosdecinema.com.br/moviecomarte-cinema/esposa-no-moviecom-arte/>.

LACAN, J. *O Seminário, livro 20*: Mais, ainda. Rio de Janeiro: Jorge Zahar Ed., 1985. (Trabalho original proferido em 1972-73).

LACAN, J. A significação do falo. In: *Escritos*. Rio de Janeiro: Jorge Zahar Ed., 1998. (Texto original publicado em 1960).

LACAN, J. Televisão. In: *Outros Escritos*. Rio de Janeiro: Jorge Zahar Ed., 2003. (Trabalho original publicado em 1973).

LAURENT, E. Posiciones femeninas del ser. In: *El psicoanálisis y la elección de las mujeres*. Buenos Aires: Tres Haches, 2019.

MILLER, J.-A. O osso de uma análise. *Revista da EBP – Bahia*. Salvador: Biblioteca Agente, 1998.

MILLER, J.-A. El partenaire-síntoma. In: *Los cursos psicoanalíticos de Jacques-Alain Miller*. Buenos Aires: Paidós, 2008.

GOZO FEMININO, DEVASTAÇÃO E ARREBATAMENTO EM *LOL V. STEIN* [1]

Alessandra Thomaz Rocha

> É numa casa que a gente se sente só. Não do lado de fora, mas dentro. [...] dentro da casa a gente fica tão só que às vezes se perde. Só agora sei que permaneci em casa dez anos. Sozinha. E para escrever livros que mostraram para mim e para os outros, que eu era a escritora que sou. Como isso aconteceu? E como isso pode ser expresso? O que posso dizer é que o tipo de solidão que há em Neauphle foi feito por mim. Para mim. E que é apenas dentro dessa casa que fico só. Para escrever. Não para escrever como havia feito até então. Mas escrever livros desconhecidos para mim, e nunca previamente determinados, por mim nem por ninguém. Lá escrevi *Le Ravissement de Lol V. Stein* e o *Vice-cônsul*. E outros depois desses. Compreendi que eu era uma pessoa sozinha com a minha escrita, sozinha e muito dis-

1 Texto apresentado no Núcleo de Pesquisa em Psicanálise com crianças/NPPcri do IPSMMG, em 18 nov. 2020.

> tante de tudo. Isso durou dez anos, talvez, não sei mais, raramente contei o tempo que passei escrevendo e qualquer outro tempo. Contei o tempo que passei esperando por Robert Antelme e Marie-Louise, sua jovem irmã. Depois, não contei mais nada. [...] Guardei essa solidão dos primeiros livros. Ela me acompanha. Minha escrita, eu sempre a levo comigo, aonde quer que eu vá. [...] Escrever, essa foi a única coisa que habitou minha vida e que a encantou. Eu a fiz. A escrita não me abandonou nunca. [...] Em *Lol V. Stein* não penso mais. Ninguém pôde conhecê-la, L. V. S., nem vocês nem eu. E mesmo aquilo que Lacan disse a respeito do livro, eu nunca cheguei a entender direito. Lacan me deixava atordoada. E aquela sua frase: "Ela não deve saber que escreve, nem aquilo que escreve. Porque ela se perderia. E isso seria uma catástrofe". Esta frase tornou-se, para mim, uma espécie de identidade de princípio, um 'direito de dizer' totalmente ignorado pelas mulheres. (Duras, 1994, p. 13)

O arrebatamento como fantasia realizada em Lol

Não é por acaso que esse romance de Marguerite Duras é tomado por Lacan como paradigmático sobre a feminilidade: seu artigo "Homenagem a Marguerite Duras pelo arrebatamento de Lol V. Stein" (1965) nos dá a dimensão desse lugar. Debruçar-se sobre o caso de Lol não é buscar compreendê-la, muito menos enquadrá-la num tipo clínico ou numa prisão diagnóstica. Enquanto literatura, arte, escritura, o romance de Lol gravita em torno do indizível do gozo feminino; nele, algo da feminilidade ressoa para cada um de forma diferente. Lol, em sua singularidade radical, sua infamiliaridade se tornou o paradigma de uma série de casos que nos ensinam, por aproximação ou por contraste, sobre a metáfora do amor e a metáfora do corpo, sobre o que permite resistir ao apelo do vazio.

Miller (2019), no texto intitulado "O corpo roubado: a propósito do arrebatamento", nos apresenta algumas chaves de leitura capturando a complexidade das indicações que Lacan apresenta nesse texto. A elaboração começa por apontar a estranheza do termo "substituição" (*remplacement*), que é empregado por Duras no romance através do personagem de Jacques Hold, o amante de Tatiana, para qualificar o distúrbio, a perturbação abissal que aspira Lol. Os comentários de Miller, que reordenam magistralmente a perspectiva de leitura do romance, confirmam que a verdade não surge de uma acumulação, mas de um divino detalhe.

Esse romance, ao tocar na questão do gozo feminino, tanto em sua dimensão enigmática, indizível, de não todo, quanto de deslumbramento arrebatador, revela "a marca do que, no corpo das mulheres, 'se goza' a título de devastação e também de arrebatamento"

(Solano, 2015, p. 87). Sabemos que "as mulheres sofrem de um defeito de incarnação, de uma fragilidade estrutural quanto ao modo de habitar seu corpo" (Fari, 2019, p. 57). É nesse ponto estrutural que se desenha o lugar do vestido, do amor, da imagem, mas também o papel que uma outra mulher pode assumir aí. O romance de Lol nos mostra como o amor pode se tornar devastação e deslumbramento. Que segredo une o vestido e o corpo em Lol? Qual drama esse segredo nos revela? O que se passa no baile a partir desse termo chave?[2]

Nessa cena inaugural, a jovem Lol, ainda com dezenove anos de idade, vai ao baile com seu noivo, Michael Richardson. Para Lol, a *substituição* está ligada à ausência repentina de amor experimentada por ela em relação a seu noivo. Muito tempo depois, ela dirá ao amante de Tatiana, Jacques Hold, que esse acontecimento foi uma ausência de amor indizível, que ia além do que se poderia dizer. Os termos usados por ela são: "quando eu digo que eu não o amava mais, eu quero dizer que você não imagina até onde se pode ir, na ausência de amor". Miller lembra que normalmente se escuta o inverso, ou seja: "Você não imagina até onde se pode ir, no extremo do amor". Mas aqui a visão é exatamente o contrário: "você não imagina até onde se pode ir, na ausência de amor". Logo, não se

2 Termo isolado por Catherine Lazarus-Matet em seu estudo apresentado e comentado por Miller na lição de 14 de junho de 2000 do seminário *Os usos do Lapso*.

trata de indiferença, mas de "um extremo da ausência de amor" (Miller, 2019, p. 26). Assim, no dizer do sujeito Lol, ocorre "um desinvestimento libidinal repentino do objeto" e "um transvazamento da libido" — que permanece misterioso e só se revela depois do tempo de construção da fantasia — em direção ao casal que seu noivo vai formar com essa outra mulher, ou, simplificando, em direção a essa outra mulher. Lacan (1965) nos diz que o nó que ele distorce em seu texto deve ser captado nessa primeira cena, na qual Lol é desinvestida libidinalmente de seu noivo, ou seja, o nó da trama se revela no tema do *vestido* (*robe*, que, em francês, faz conexão com *dérobé*, que remete ao noivo roubado, ou à imagem roubada). O tema do vestido, que sustenta a fantasia à qual Lol se prende posteriormente, é a de um mais além para o qual ela não soube encontrar a palavra certa. "Essa palavra que, fechando as portas aos três, a teria conjugado no momento em que seu amante tivesse levantado o vestido, o vestido preto da mulher, e revelado sua nudez. Será que isso vai mais longe? Sim, até o indizível desta nudez que se insinua substituindo seu próprio corpo. É aí que tudo se detém" (Lacan, 2003, p. 200-201).

Para Lacan (2003, p. 201), o que aconteceu com Lol "revela o que acontece com o amor, isto é, como esta imagem, imagem de si, de que o outro reveste você e que a veste, mas que quando desta é desinvestida, a deixa". É assim que, ao ter sua imagem roubada, desvestida, desnudada por uma outra, Lol fica nua, a refletir seu brilho. E ela volta a habitar o vazio, presentificando sua ausência a partir da perda do "lugar do objeto olhar". O lugar onde está o olhar nas duas cenas não é o de Lol, mas o de Anne-Marie Stretter como não-olhar na primeira cena, e o de Tatiana como puro objeto de desejo, expresso nas palavras de Lol: "nua, nua sob seus cabelos negros" (Lacan, 2003, p. 202), palavras que remetem à cena cuja beleza faz função de mancha.

Miller (2019) aponta que o termo *substituição* permite qualificar esse fenômeno como "metáfora do amor", termo empregado por Lacan no *Seminário 8: a transferência*. Então, a metáfora do amor é Anne-Marie Stretter, mulher mais velha, misteriosa, que não olha ninguém; é por ser chamada de 'não-olhar' que é ela quem vai chamar a atenção de Lol. "Nesta metáfora do amor a outra mulher vem no lugar do noivo" (Miller, 2019, p. 25). A estrutura que nessa primeira cena se esboça só irá se revelar claramente dez anos mais tarde, quando Lol volta à cidade e ao local da cena do baile, momento em que a estrutura se atualiza e se especifica através do casal formado por sua amiga Tatiana e Jacques Hold. Percebe-se finalmente que seu interesse é Tatiana, que permite reconhecer a mesma *substituição*, isto é, a metáfora do início.

Porém, essa metáfora do amor esconde uma outra diferente, nos diz Miller (2019, p. 26): trata-se da substituição pela qual o corpo de Tatiana vem no lugar do corpo de Lol. É a "metáfora do corpo" que nos permite perceber que essa outra metáfora estava em jogo na aparição da primeira mulher, Anne-Marie Stretter. Ou seja, há uma metáfora do corpo por trás da metáfora do amor. Então, "desde sempre Lol esperava por uma metáfora de seu corpo". Esse é o valor que se pode dar ao "ela não estava lá", que faz parte do testemunho de Tatiana, sua colega de colégio, a respeito de Lol antes de seus dezenove anos, momento no qual ela surge no mundo, nos braços de seu noivo. Lol dava a impressão de nunca estar lá onde seu corpo estava, transmitia o sentimento de sua ausência em sua presença. Com relação ao corpo, "Lacan nos ensina que há pelo menos dois corpos do sujeito: o corpo envelope, forma, e o objeto-corpo, o real do corpo, isso que do corpo é investido libidinalmente. Sob o envelope do corpo há esse condensador de libido que ele chama *a*. Na relação entre o envelope corporal e *a* podem eventualmente se deslizar distúrbios a serem diferenciados" (Miller, 2019, p. 28). Mas, no caso de Lol, segundo Miller, a coisa vai mais longe, já que essa metáfora do corpo é bem singular: *no caso Lol, o sujeito não tinha um corpo*. O que se revela na cena do baile, e que é orquestrado em uma verdadeira sinfonia através de sua relação com Jacques Hold e Tatiana, é que *Lol nunca teve um corpo*. É o que se revela no momento em que aparece o corpo sublime da outra. Não se trata, portanto, de uma metáfora como as outras, ou de uma metáfora histérica. O primeiro a chegar, que qualifica o homem em questão para Lol, mostra que não importa quem ele seja. Quanto menos importa quem seja esse homem, mais facilmente ele pode sustentar seu lugar junto de Lol e mais facilmente ele poderá mantê-la junto de si.

A construção da fantasia começa a se esboçar dez anos mais tarde, a partir do momento em que Lol vê, por trás de uma cerca, um homem beijar uma mulher que poderia ser sua amiga Tatiana, cena que repete o que ela viu da cena do baile. É importante ressaltar que Tatiana é um resíduo do envelope do baile, ela é a amiga da escola que segura na mão de Lol quando esta, na primeira cena, vê seu noivo ser capturado pela mulher fatal. É essa amiga que vai fazer a função da outra na fantasia desenvolvida. Tatiana manteve com Lol, na época do colégio, uma relação de suporte imaginário, uma relação de a-a'. É um tipo de relação de identificação imaginária que se expressa como amizade e que pode fazer surgirem os fenômenos da inveja e da rivalidade nas amizades femininas apaixonadas. O que Lacan diz em sua "Homenagem a Duras...".

No final do romance se desenha um diagnóstico de Lol como uma louca, uma psicótica. Notam-se, nos diz Miller (2019, p. 29), os elementos de um delírio que será qualificado de paranoico ou paranoide, mas que essa ausência do corpo vai tão longe que também se poderia dizê-la esquizofrênica ou esquizoide. Porém, por se tratar de um personagem de romance, o que é preciso levar em conta é que há em Lol "alguma coisa que 'fala' pra todas as mulheres. Lol parece dizer qualquer coisa sobre a feminilidade [...], as mulheres reconhecem aí algo da feminilidade, os homens leem compulsivamente o livro para compreender disso alguma coisa".

A relação com o indizível sustenta a escrita de Duras. Nesse romance, que faz apelo ao corpo de uma *outra mulher*, pode-se localizar também uma homologia com a histeria. Esse *eu não estou aí* evoca uma "falta-a-ser seu próprio corpo", evoca o "sentimento de estranheza em relação ao seu próprio corpo que fala à histérica" (Miller, 2019, p. 30). Lacan nos ensina, em relação à histeria, que "esse outro real ela só pode encontrá-lo num de seu próprio sexo, porque é nesse mais além que ela invoca aquilo que pode lhe dar corpo, por não ter sabido ganhar corpo aquém dele" (Lacan, 1998a, p. 453). É que "o sujeito histérico sofre de um defeito de identificação narcísica" (Lacan, 1998a, p. 453); ele não pode se reconhecer diretamente em seu corpo, na imagem de seu corpo. E quando o sujeito não pode se incorporar ou se incarnar, o que é chamado por Miller (2019, p. 30) de "defeito de incarnação na histeria", justifica o recurso necessário a uma outra mulher, o recurso à relação com uma outra mulher para ganhar corpo. Pode-se dizer que, depois do defeito de incarnação, vem a incarnação deslocada sobre uma outra.

A partir deste *ser-a-três* de Lol, que é homólogo ao ser a três de Dora, qual é a função de Jacques Hold senão a de segurar a mulher? Quando Lol tem a primeira experiência repentina no baile, a cena se impõe sob seus olhos. E mesmo que a cena não a tenha sido imposta, ela se insinua diante de um casal para instrumentalizar o homem a agarrar a outra mulher. Tatiana, mesmo percebendo que alguma coisa nessa relação estava desregulada, se entrega a Hold para que ele possa cumprir seu papel, porém, algo parece estar escondido e Tatiana, perturbada, tenta localizar onde isso se passa. Ela compreende que tem uma relação com Lol, mas não sabe muito bem onde. Tateando, Tatiana tenta isolar o que veio se deslizar no casal que ela formava com Hold. Portanto, o que Hold faz é agarrar essa mulher à espera de ser abraçada, sustentada por um homem, por um significante mestre. Ele faz essa função de enlaçar que trata, de alguma forma, essa falta-a-ser seu próprio corpo de Lol.

Mas o que diferencia o ser-a-três de Lol e o ser-a-três de Dora, por exemplo? A relação de Dora com o casal K. é formalmente homóloga à do casal Tatiana e Hold, o que mostra como a estrutura do romance é histeriforme. No entanto, o fato de o verdadeiro interesse de Dora ser a Sra. K. permanece um segredo, à espera de uma interpretação. Dora o sabe e o manifesta, mas inconscientemente. Tudo se passa na dimensão inconsciente, sua ligação com a Sra. K. permanece à espera de uma interpretação. O que Freud não faz. Ao passo que, no romance de Lol, tudo é dito, explícito, passando longe do segredo a ser interpretado, como em Dora. Ou seja, em Lol a fantasia é realizada, ou melhor, passa ao real.

Arrebatamento e devastação

A clínica da devastação, que caracteriza algumas posições femininas, permite elucidar o que Lacan chamou de gozo feminino ou o gozo reduzido ao acontecimento de corpo. "A personagem de Marguerite Duras, Lol V. Stein, também foi tomada na psicanálise, por Lacan, como modelo de devastação, com suas consequências de deslumbramento e efeitos sobre o corpo" (Drummond, 2011, p. 2).

A inveja do pênis (*Penisneid*) é um dos nomes da devastação em Freud, na qual o tratamento analítico de sujeitos femininos tropeça, segundo Brousse (2019, p. 13). O *Penisneid* conduz Freud à relação primordial com o Outro materno e o obriga a fazer um retorno ao Édipo, ponto que ele se recusa a ultrapassar. É, mais tarde, Lacan quem vai libertar "a psicanálise dos mitos do pai, mas sem cair na ilusão de uma solução pelo arcaísmo da relação com a mãe" (Brousse, 2019, p. 13).

Brousse (2004, p. 64), baseada nas falas de analisantes, propõe uma tese em seu texto intitulado "Uma dificuldade na análise das mulheres", tal que "a devastação está presa ao arrebatamento". "Na relação de devastação — uma vez que é uma relação, inclusive substitutiva à relação sexual que não há — o sujeito é despossuído de seu lugar" (Brousse, 2019, p. 65). É o que se verifica no arrebatamento de Lol. Esse lugar de que foi despossuído, que não existe mais, pode ser declinado de três formas: 1) como fala, ficando o sujeito então reduzido ao silêncio; 2) como corpo, e, nesse caso, o sujeito não passa de um "corpo em excesso", ou uma carne desfalicizada, que é um "buraco negro"; ou 3) como errância, fenômeno de despersonalização, de autoeliminação.

De acordo com Brousse, essas modalidades são determinadas provavelmente pela maneira como a linguagem deixou marca na experiência sexual traumática. Assim, o arrebatamento é uma forma de *perda corporal não simbolizável pelo significante fálico*, uma não-redução das imagens cativantes à imagem central do corpo, uma não inscrição do corpo no desejo do Outro.

Essa questão da perda do corpo desvela a face narcísica da devastação.

A partir de vários desenvolvimentos em seu texto sobre "A angústia de separação" (2019), ela sustenta que, no caso da devastação, é um objeto, e não um nome, que vem ocupar o lugar do significante mestre. Lá onde não há o dom do pai, onde persiste a rivalidade imaginária; lá onde o objeto não está reduzido ao signo e depois ao significante, segundo o *fort-da*, há a consistência do objeto (Brousse, 2019, p. 16-17):

> A devastação, portanto, situaria o objeto no lugar do Nome-do-pai. Por certo, isso é um pouco perturbador, mas remete ao que Lacan chama de um dos três Nomes-do-pai, ou três processos de nomeação. O objeto se prestaria à nomeação real, quando o *sinthoma* corresponde a uma nomeação simbólica, nome próprio ou S1. Daí resultaria que a angústia é a outra face da devastação. (Brousse, 2019, p. 17)

Dito de outro modo, quando o objeto significante, ou seja, inscrito na troca fálica, se furta ou se dissocia da cadeia da demanda de amor, aparece o objeto *a*, que estava velado por ele, e, então, surge a angústia: voz que se extingue, olhar cego. O que Lol nos demonstra muito bem. Brousse continua:

> O sujeito, por não estar mais sustentado pelo objeto terceiro, inscrito no outro que ancorava seu gozo, tende a desaparecer, assim como seu desejo. Isso é tão verdadeiro que o desejo 'sempre continua, em última instância, a ser desejo de corpo' [Lacan, 2005, p. 237]. 'É o objeto que eu quero' [Lacan, 2005, p. 238]. É o objeto que me mantém, não o objeto metaforizado, mas aquele onde se produziu o corte, a separação, que nenhum Nome-do-pai ou *dom* do pai vem recobrir. (Brousse, 2019, p. 17)

Ela propõe, assim, "ver na devastação uma solução que se vale do objeto situado no lugar do Nome-do-pai, operando tal como o *sinthoma*, no restabelecimento do sentido sexual. Quando o objeto falta nesse lugar, desvelando para o sujeito a futilidade do sentido e do Outro, a resposta é a angústia ou o desaparecimento do próprio sujeito" (Brousse, 2019, p. 17).

A partir da afirmação de Lacan, em "O aturdito", que a função fálica é um modo de acesso sem esperanças à relação sexual, uma função que só se sustenta ali por ser semblante, Brousse lança a seguinte hipótese: a de que, do lado do sujeito feminino, a devastação, com um tratamento específico, fora do discurso implicado pelo corpo, é outro acesso sem esperanças à relação sexual, já que desvela, desnuda "o real dessa praia (construída pelo Nome-do-pai), que pelo que fracassa ali, o semblante 'realiza' certamente a relação cujo semblante faz o suplemento, mas tampouco é a

fantasia que sustenta nossa realidade" (Brousse, 2004, p. 66). A devastação desvela, então, o real dessa praia.

Então Brousse estabelece que, quando é a *fantasia* que sustenta a realidade, é o objeto *a* que é mobilizado pelo desejo do parceiro. Quando é a *devastação*, é o arrebatamento de seu corpo pelo parceiro que é imputado pelo sujeito a esse mesmo parceiro, num "amódio" (Brousse, 2004, p. 67). Isso demonstra o que Lacan enuncia em RSI estabelecendo o paralelo entre a mulher como sintoma para um homem e a devastação como o que pode vir a ser um homem para uma mulher. Ou, em outras palavras, de um parceiro-devastação, como nos diz Miller em *O osso de uma análise* (1998). Esse parceiro-devastação é aquele que reaviva o sem limite do gozo feminino não saturado pela função fálica, pois não há limites para as concessões que cada mulher faz a seu parceiro.

Resumindo, Brousse considera que a devastação compõe uma *face fálica* de reivindicação articulada ao desejo da mãe e *uma face não-toda fálica* que se deve ao arrebatamento do corpo, que está ligada à dificuldade de simbolizar o gozo feminino. Considera que, "enfim, a devastação acha-se no ponto em que o semblante fracassa" (Brousse, 2004, p. 67). Arrebatamento, segundo Lacan (1965), é um termo que constitui um enigma. "O verbo *ravir* (arrebatar) é também um termo da mística, assim como *ravissement* (deslumbramento). Isso quer dizer que se é transportado para o céu, na língua clássica. E, no horizonte do arrebatar, há o êxtase. É um termo onde o valor erotomaníaco está inscrito na própria etimologia" (Drummond, 2011, p. 3). É um termo que diz respeito, entre outras coisas, a um roubo ou rapto que, no contexto místico, designa uma forma de ser extraviado de si mesmo. O que evoca a dimensão do outro gozo. Miller formula que o arrebatamento está ligado ao corpo, ao fato de ter um corpo, o qual pode, por conseguinte, ser extraviado.

Não vou aprofundar aqui a questão do gozo místico, porém, gostaria de lançar para discussão a questão que me surgiu sobre a dimensão mística em Marguerite Duras, que pôde ser exemplificada na citação acima em epígrafe, extraída de seu livro *Escrever* (1994). Ou seja, me parece que a escrita se constituiu, para Duras, como um gozo *sinthomatico*, que evoca uma espécie de êxtase. Esse gozo feminino, que se revela como acontecimento de corpo e do qual nada se pode dizer, foi o que Georges Bataille tentou comunicar em seu livro *A experiência interior* (2016). Ele assim chamou essa experiência que ocorre "no extremo do possível", mais além das palavras, e que buscou comunicar a partir de sua escrita. Minha hipótese é de que essa escrita extática, que aparece nesse livro, que é nomeadamente um relato dessa experiência mística, é a mesma que aparece em seus textos eróticos, mas que só foram editados sob pseudônimo. Para Bataille, a via que conduz ao êxtase é a angústia. Sua mística estabelece relações entre a angústia, o êxtase e a escrita. Então, acredito que Duras, tal como Bataille, revela essa dimensão extática a partir de sua escrita. Como ele, ela se revelou uma "mística sem Deus" que encontrou na escrita uma forma de enlaçar seu corpo de desejo, a partir de seus livros, que se tornaram um corpo simbólico, mais além das palavras. Enfim, me pareceu importante localizar no autor, o artista, no horizonte de sua obra.

O infamiliar na mãe: estranhezas maternas

Apesar de a maternidade em Freud ser um dos destinos da feminilidade, sabemos que a mulher não se reduz à mãe, pois, apesar de que "a mãe sustenta seu ser apenas na linguagem, na medida em que é um ser falante" (Alvarenga, 2015, p. 5), na mulher, o gozo feminino não pertence ao domínio da linguagem, não se inscreve na lógica edipiana, é o domínio do gozo reduzido ao acontecimento de corpo. Com Lacan (1998b), a mãe está do lado do falo, da castração, ou do lado masculino nas fórmulas da sexuação, enquanto a mulher é não toda fálica. Logo, a mediação fálica não drena toda a dimensão pulsional que se manifesta em uma mulher nem toda a corrente materna, isto é, a lógica fálica da maternidade não recobre inteiramente o gozo feminino. Para Brousse (2004, p. 64), "o desejo da mãe está longe de ser inteiramente saturado pelo significante. Há na mãe, ao lado do desejo, um gozo desconhecido, feminino".

Então, lançando algumas questões para discussão, como pensar no romance de Duras, o estatuto do ser mãe em Lol, já que ela se casa e tem três filhos com Jean Bedford? Qual é o lugar e a função dos filhos para ela? No momento em que tem sua imagem "roubada" (*dérobé*), desvestida na cena do baile por Anne-Marie Stretter, Lacan nos diz que tudo se detém. Então, considerando esse tempo de detenção na vida de Lol, podemos nos perguntar: qual é a função da maternidade em sua vida? Haveria alguma relação entre o fato de essa mulher misteriosa do baile, que a desveste de seu "corpo de desejo", ser também uma mãe? Haveria algo de infamiliar na maternidade de Lol?

De acordo com Elisa Alvarenga (2015, p. 6), "a maternidade é uma espécie de suplência ao gozo não todo de uma mulher. Isso quereria dizer que a maternidade é uma solução para aquilo que do feminino não tem nome?".

Se "o arrebatamento afeta tanto o registro do ter como do ser, claro que a lógica fálica está presente aí. A mãe verifica-se uma arrebatadora de corpos. Ela o é por estrutura, já que fala. Mas é também uma arrebatadora de filho" (Brousse 2004, p. 65), devido aos cuidados que lhe presta. Ser arrebatada é ser descompletada de seu corpo com o efeito de gozo que acompanha a deslocalização. Brousse nos diz também que a questão da perda do corpo desvela a face narcísica da devastação, que vê sua potência aumentada pelo fato de o sujeito feminino não ter feito seu luto da mãe do fetiche, não entrando, portanto, no regime da troca. É o falo como significante, e não como fetiche, que torna possível a troca, incluindo aí a troca das mulheres. Por isso a dificuldade apresentada por algumas mulheres na vida amorosa "(necessariamente heterossexual, no sentido que Lacan dá a esse termo), em consentir a pôr em jogo seus corpos na troca simbólica" (Brousse,

2004, p. 66). Essa dificuldade declina-se na relação sexual e na maternidade. Porque o que é visado e o que é, ao mesmo tempo, insuportável, é uma fascinação, uma captura fusional. Como uma mãe dá corpo? Trata-se necessariamente de um corpo desfalcado, que passa a transmissão dos objetos metonímicos do corpo na relação mãe-filha. Mas, o contrário dessa transmissão, a devastação é a consequência do arrebatamento e mobiliza o insaciável do amor em lugar do desejo. Na maternidade devastadora, a imagem corporal não consegue tapar o buraco, que aí está desfalicizado.

Referências

ALVARENGA, E. Apresentação do livro. In: ALBERTI, C. *Ser mãe*: mulheres psicanalistas falam da maternidade. Belo Horizonte: Ed. EBP, 2015.

BATAILLE, G. *A experiência interior*. Belo Horizonte: Editora Autêntica, 2016.

BROUSSE, M.-H. Uma dificuldade na análise das mulheres. In: MILLER, J.-A. (Org.). *Ornicar? 1. De Jacques Lacan a Lewis Carroll*. Rio de Janeiro: Jorge Zahar Ed., 2004.

BROUSSE, M.-H. *Mulheres e discursos*. Rio de Janeiro: Contra Capa Editora, 2019.

DURAS, M. *Escrever*. Rio de Janeiro: Rocco, 1994.

DRUMMOND, C. Devastação. *Opção Lacaniana On-line*, n. 6, 2011.

FARI, P. La psychanalyse au XXIe siècle. *Revue La cause du Désir*, n. 103, Paris: ECF, 2019.

FREUD, S. O Infamiliar [Das Unheimliche]. In: *Obras Incompletas de Sigmund Freud.* Belo Horizonte: Autêntica, Vol. 8, 2019. (Trabalho original publicado em 1919).

LACAN, J. A psicanálise e seu ensino. In: *Escritos.* Rio de Janeiro: Jorge Zahar Ed., 1998a. (Trabalho original publicado em 1957).

LACAN, J. Diretrizes para um congresso sobre a sexualidade feminina. In: *Escritos.* Rio de Janeiro: Jorge Zahar Ed., 1998b. (Trabalho original publicado em 1960).

LACAN, J. Homenagem a Marguerite Duras pelo arrebatamento de Lol V. Stein. In: *Outros escritos.* Rio de Janeiro: Jorge Zahar Ed., 2003. (Trabalho original publicado em 1965).

LACAN, J. *O Seminário, livro 10*: A angústia. Rio de Janeiro: Jorge Zahar Ed., 2005. (Trabalho original proferido em 1962-63).

MILLER, J.-A. O osso de uma análise. *Revista da EBP – Bahia.* Salvador: Biblioteca Agente, 1998.

MILLER, J.-A. *Los usos del lapso*. Buenos Aires: Paidós, 2004.

MILLER, J.-A. *Extimidad*. Buenos Aires: Paidós, 2011.

MILLER, J.-A. Le corps dérobé. À propos du ravissement. *Revue La cause du Désir*, n. 103, p. 25-35, Paris: ECF, 2019.

GOZO FEMININO, ALÉM DA NORMA

O GOZO FEMININO INDIZÍVEL: COMO ABORDÁ-LO?[1]

Analícea Calmon

O assunto que me foi pedido para falar na Aula Inaugural do Instituto de Psicanálise e Saúde Mental foi “O gozo feminino indizível: como abordá-lo?”. Esse título foi extraído do tema do XXIII Encontro Brasileiro do Campo Freudiano – “O feminino infamiliar: dizer o indizível”.

Articulando os dois títulos, vemos que o que há de infamiliar e indizível no feminino é o gozo. Então o nosso foco será o gozo feminino. Em algumas das atividades das quais tenho participado sobre esse tema, observo que sempre aparece um questionamento, evidenciando uma dificuldade em distinguir o gozo feminino do gozo da mulher. Trata- se de um tema em torno do qual existem mais perguntas do que soluções; haja visto o título, que interroga sobre como abordar o gozo feminino. O que seria essa abordagem? Uma abordagem teórica? Uma abordagem prática? Considerando que a teoria e a prática psicanalítica são indis-

1 Aula inaugural proferida em 17 de agosto de 2020 no IPSM/MG.

sociáveis, será que essa abordagem poderia ser pensada como a construção de uma borda?

Partindo da pergunta "o que é o feminino?", nos deparamos com outra pergunta: "o que é ser mulher?". Tais questões precisam ser elucidadas para que a partir daí se possa fazer uma reflexão sobre o gozo feminino. Para tanto, faz-se necessário retornar à pergunta freudiana: "o que quer a mulher?". Ao que Lacan responde: "A mulher não existe".

Seguindo os passos da construção teórico-clínica de Freud e de Lacan, no que diz respeito à mulher, ao feminino e ao gozo, vamos encontrar alguns pontos de aproximação e outros de distanciamento entre ambos. Para Freud, a sexualidade feminina sempre foi um enigma, que ele tentou solucionar pela via da satisfação pulsional. É preciso considerar que Freud instalou a mulher no desconhecimento primário do seu sexo. Diante dessas considerações, cabe perguntar se há um inconsciente feminino que se oporia a um inconsciente masculino. Se há um inconsciente da mulher que se oporia a um inconsciente do homem? Isso pode levar a pensar que há, no homem e na mulher, uma diferença nas formas de satisfação pulsional – na linguagem de Freud – ou nas formas de gozar – na linguagem de Lacan?

O que vai nos orientar a responder essas questões é a lógica que as preside; e a base de tudo isso é a experiência, pois é esse o ponto de partida de toda a construção teórica da psicanálise. O dispositivo psicanalítico compreende, portanto, a descoberta e a atualização de um saber que, por um lado, afeta os sujeitos, e, por outro, produz teoria. É por esses dois lados que pretendemos falar do indizível e abordar o que não tem borda.

Para tanto, partimos da constatação de que Freud (1925/1977), apoiado na distinção anatômica entre os sexos – que Lacan (1962-63/2005) corrige para "'morfológica" –, considerava a castração para os sujeitos masculinos como ameaça de perda e, para os sujeitos femininos, como *Penisneid* (inveja do pênis). Vemos assim que a lógica da perda e a lógica da falta já estão apontadas por Freud quando ele se propõe a refletir sobre as consequências psíquicas dessa distinção, respaldado na dialética do ter ou não ter. E é daí que surge a noção de falo como presença de uma ausência.

Naturalmente que, se essa distinção entre os sexos é feita sob a égide do falo, os homens ficam do lado do completo e as mulheres do lado do incompleto, quer dizer, da falta. Nesse sentido, a função fálica atribuiria ao sexo feminino um prejuízo, com o que encontramos uma discordância na neurociência, ao dizer que o cérebro feminino, ainda que de aparência menor que o cérebro masculino, tem maior densidade em suas conexões, dobras e circunvoluções.

Qual seria, então, a relação lógica dessa distinção com os modos de gozar? Para entender, é preciso assinalar que, na expressão "gozo feminino", o significante "feminino" está aí posto como um adjetivo que visa definir uma modalidade de gozo. Esse mesmo significante, "feminino", apresenta-se gramaticalmente como um substantivo, do qual se derivam dois outros: "feminilidade" e "feminização", que serão aqui oportunamente mencionados.

Considerando que a psicanálise não tem um saber todo, pois o inconsciente não diz tudo, a maior designação do "não-todo", tanto para Freud quanto para Lacan, guardando as devidas diferenças, está na feminilidade, que encarna, junto com a teoria da castração, o impossível de dizer. Vale notar que a designação "não-todo" está menos para o lado da incompletude e mais para o lado do enigma; até porque, com Lacan, o pensamento de degradação ao sexo feminino vai perdendo sua força, o que não acontece com o enigma.

A neurociência, como já foi comentado, também tentou tirar a força da degradação do sexo feminino, sugerindo o caminho da mensuração, o que não fez chegar a um resultado preciso. Tal experiência converge para a conclusão de que o gozo feminino é incomensurável. Saindo da medição para a mediação, convém indagar, com Lacan, se a mediação fálica consegue drenar tudo o que pode se manifestar de pulsional na mulher.

Recorrendo à filosofia clássica e tomando como referência *O Banquete*, de Platão, Freud e Lacan nos fazem ver que tanto o homem quanto a mulher são seres incompletos. Ainda assim, o sujeito feminino continuou apresentando, para ambos, uma face de enigma.

Isto porque, socialmente, a mulher continuava congregando traços de deficiência, por um lado (exemplo: mulher pobre, ignorante), e de excesso, por outro (exemplo: mulher rica, inteligente). Mais adiante, a figura paterna, no zênite social, vai sendo colocada em declínio, o que faz surgir a feminização da civilização.

As oscilações desse binarismo evidenciam um campo incomensurável e, portanto, indizível. Surgem, então, mais duas questões a serem investigadas: o amor e o masoquismo feminino. Neste último, vê-se que o atributo feminino está adjetivando um modo de satisfação pulsional, portanto, um modo de gozo. Qual é, então, a natureza dessa relação? Lacan (1960/1998), em *Diretrizes para um congresso sobre a sexualidade feminina*, interroga se o masoquismo feminino seria uma fantasia do desejo do homem.

Quanto à satisfação pulsional, há um princípio inerente, segundo o qual a pulsão é impedida de ser completamente satisfeita, fazendo com que o sujeito alimente ficções que evidenciem essa impossibilidade. Por exemplo, a menina, ao descobrir a castração materna, é tomada de um intenso sentimento de raiva em relação à mãe, diretamente proporcional à intensidade do amor precedente, impossível de uma satisfação plena. Esse fenômeno é chamado por Freud de devastação e estritamente correlacionado ao destino do falo no sujeito feminino.

A castração é, portanto, a forma prínceps pela qual o ser humano procura dizer a falta enquanto tal. É o que possibilita a formulação de que o amor visa fazer o todo. Com Lacan, vemos que não é possível encontrar na linguagem elementos com os quais se possa escrever uma relação completa, o que, desde a época de Freud, já começava a se delinear. Disso resulta a constatação de que há algo que não se pode alcançar, como, por exemplo, a totalidade do amor, assim como elementos para fazer uma borda ou palavras para dizer o gozo feminino.

Quem bem pode evidenciar isso é a personagem lendária de Eurípedes, do ano 431 a.C. – a Medeia. Sua história é referida por Lacan (1962-63/2005) no seu Seminário 10, sobre a angústia. De uma síntese dessa história, na qual Eurípedes tenta ressaltar as agitações da alma humana, especialmente a feminina, serão destacados alguns atos da protagonista.

Na mitologia grega, Medeia era filha do rei Estes. A história começa quando Jasão chega a Cólquida para reivindicar o tosão de ouro (lã de carneiro). Nessa oportunidade, Estes, o pai de Medeia, promete-lhe o tosão de ouro, desde que o herói cumpra a tarefa de lavrar um campo com dois touros monstruosos e indomados, que expeliam fogo pelas narinas. Em seguida, teria que semear, no campo lavrado, os dentes de um dragão que fora morto em tempos passados.

Jasão tinha uma protetora: Hera. Essa protetora pediu a Afrodite que convencesse Eros a fazer Medeia se apaixonar por Jasão. Assim, ela poderia interceder na difícil tarefa que seu pai havia imposto a Jasão, que, em troca, se casaria com ela. Medeia, então, à guisa de ajuda, ofereceu ao estrangeiro um unguento para passar no corpo e no escudo, o que o tornaria invulnerável aos perigos. Eis aí o primeiro ato de Medeia – um ato de amor.

Na oportunidade, Medeia advertiu a Jasão de que, da semeadura dos dentes do dragão, nasceria uma seara de soldados que tentariam matá-lo e ofereceu a seguinte solução: Jasão deveria lançar uma pedra, de longe, para o meio desse exército. Os soldados haveriam de discutir sobre quem atiraria a primeira pedra e se matariam uns aos outros. Jasão seguiu os conselhos de Medeia e se salvou. Aqui está um segundo ato de amor

Em consequência, Estes ficou furioso, tentou incendiar a nau de Jasão e matar a tripulação. Pela terceira vez, Medeia interveio, avisando a Jasão sobre os planos do pai e dando narcóticos ao dragão que velava o tosão de ouro. Feito isto, Medeia e Jasão fugiram levando o tesouro.

Imaginando que o pai viria ao seu encalço, Medeia trouxe consigo o irmão e o matou no meio do caminho, despedaçando-o e dispersando os restos mortais. Ela calculou que o pai recolheria os pedaços de seu filho para lhe dar sepultura, o que atrasaria a sua viagem. Quarto ato de Medeia.

Depois disso, Medeia e Jasão retornaram a Cólquida com o tosão de ouro, o que deu a Jasão o lugar de rei. Porém, o rei de Cólquida não quis largar o poder, o que fez Medeia engendrar uma estratégia para destroná-lo e fazê-lo desaparecer da cena. Esse foi o quinto ato planejado por Medeia.

Feito isso, Medeia fugiu com Jasão para Corinto e lá tiveram filhos. A felicidade deles durou pouco pois Creonte, o rei de Corinto, começou a influenciar Jasão a deixar Medeia para casar com sua filha. Como vingança, Medeia matou os filhos, de forma fria e premeditada, considerando que assim estaria tirando os bens mais preciosos de Jasão, e fugiu para Atenas. Esse sexto ato foi o que lhe deu maior notoriedade. É justamente a partir dele que podemos articular o ato com o gozo d'A mulher e com o gozo feminino.

Todos os atos de Medeia tinham uma direção única – Jasão –, o que evidencia uma repetição. Para Freud, aquilo com que lidamos de essencial na exploração do inconsciente é a repetição. Para Lacan, a repetição é um traço na medida em que evidencia uma irrupção de gozo. E de que gozo se trata nesses atos de Medeia? No Seminário 10, Lacan (1962-63/2005) nos diz que, para a verdadeira mulher, o desejo do Outro é um meio para que seu gozo tenha um objeto conveniente. É isso que a torna mais verdadeira, continua Lacan, porquanto ela sabe onde lhe aperta o sapato na relação com o seu desejo. Sua angústia está diante do desejo do Outro que, no final das contas, ela não sabe bem o que encobre. Sendo essas afirmações absolutamente aplicáveis ao par Medeia/Jasão, é possível considerar que os atos de Medeia dizem respeito ao gozo d'A mulher?

Encontramos, no ensino de Lacan (1957-58/1999), uma primeira insinuação acerca desse gozo no Seminário 5, quando ele trata do Édipo feminino. Marcando a diferença do desfecho do Complexo de Édipo no homem e na mulher, ele sublinha que a mulher, ao perceber a sua castração, vai direto em direção ao pai, àquele que tem, dispensando o caminho da identificação e do direito à virilidade, o que leva Lacan a dizer que, nas verdadeiras mulheres, há sempre algo meio extraviado. E esse algo que se extravia no Édipo feminino, se observarmos bem, diz respeito à norma fálica.

Como se vê, a ideia de Lacan sobre uma verdadeira mulher é bastante distanciada de certa ideia que se difunde em determinadas culturas, segundo a qual a verdadeira mulher é aquela isenta de extravios. Esse parece ser, justamente, o ponto de onde Lacan parte para teorizar sobre o desejo e o gozo d'A mulher. Numa passagem do Seminário 18, precisamente na lição 9, Lacan (1970-71/2009) comenta, a propósito das suas reflexões sobre a relação entre o saber e a verdade, que o saber de que se trata no inconsciente é aquele que desliza em direção à verdade. E, a partir desse comentário, questiona se essa verdade é suscetível de um deslizamento e flexível o suficiente para que constitua a introdução a uma mulher. Vemos, então, que ele está situando a mulher para além de uma relação entre o saber e a verdade, ou seja, para além das fronteiras do simbólico.

Se a mulher ultrapassa as fronteiras do simbólico, isto quer dizer que ela vai além da castração. É o que Lacan (1971-72/2012) vai reafirmar, no Seminário seguinte, dizendo que a essência da mulher não é a castração, ainda que de certa maneira ela tenha a ver com a castração e que seja justamente por essa via que o homem tem acesso à mulher. No mito ao qual estamos nos reportando, vemos que Jasão tem acesso a Medeia pela via do amor, que é, enquanto demanda, a via da castração. Mas vemos também que não está aí a essência do que se trata.

Para chegar à essência do que se trata, é preciso recorrer às fórmulas quânticas da sexuação, construídas no Seminário 19 (Lacan, 1971-72/2012) e concluídas no Seminário 20 (Lacan, 1972-73/1985), sob a égide de que "não é verdade que a função fálica seja o que funda a relação sexual". Então, como se vê, essas fórmulas são construídas sobre a base de uma negação, sendo a função fálica referida à castração, a partir do que Lacan vai demonstrar que a mulher é "não-toda" submetida à função fálica, o que significa que ela vai além. Se a mulher é "não-toda", continua Lacan, seu gozo é dual, ou seja, à falta imposta pela castração é acrescido um suplemento de feminilidade.

Freud, ao discorrer sobre a diferença entre os sexos, enfatizou os suplementos que a mulher pode encontrar ou inventar para o seu menos, um dos quais seria transformar-se em mãe. Entretanto, o que se observa é que essa solução se direcionaria para o lado do ter. Fazendo um contraponto à posição freudiana, Lacan questiona se a maternidade seria uma solução para a mulher e propõe um suplemento direcionado para o lado do ser, que consistiria em não tampar o buraco e fabricar um ser com o que as mulheres amam apaixonadamente, ou seja, o nada. É nessa vertente que se abre uma clínica feminina, testemunhando uma relação com o ilimitado. E é nessa relação que Lacan situa a verdadeira mulher, cujo gozo sem limites, tal como se viu em Medeia, a faz encontrar com o horror.

Pensando no ato infanticida de Medeia, consideramos importante salientar que não é o simples fato de matar ou desejar a morte dos filhos que aponta para uma verdadeira mulher, pois, como vimos, Medeia havia feito tudo por Jasão. Era a esposa e mãe "perfeita" – rateando, até então, entre a mãe e a mulher. Inesperadamente, vem Jasão e lhe anuncia que quer se casar com outra. Sentindo-se ultrajada, Medeia, como vingança, planeja tirar de Jasão os seus bens mais preciosos: a nova esposa e os próprios filhos. Passa, então, ao ato, superando, com a mulher, a mãe. Nesse ato, ela sai do registro do significante, ultrapassando todos os limites e explorando uma zona desconhecida, o que configura, para Lacan, o ato de uma verdadeira mulher. É com esse ato que ela vai além de toda a lei, nos possibilitando situá-la do lado direito nas tábuas da sexuação, onde se vê o gozo d'A Mulher no lugar da inexistência.

Esse lugar está demonstrado na parte superior do lado direito da tábua, pelo quantificador $\overline{\exists x}\ \overline{\Phi x}$, que se lê: não existe nenhuma mulher que não esteja submetida à castração. Esse é o lugar de inexistência que Lacan deu à mulher, pois, não sendo sustentado pela exceção, significa um lugar vazio, onde o gozo é impossível.

Abaixo desse quantificador, do mesmo lado, está um outro, $\overline{\forall x}\ \Phi x$, que se pode ler: não-toda mulher está submetida à castração. Isto significa que, além do gozo fálico, há um gozo suplementar. Este, é o gozo feminino, contingente e experimentado a partir do campo do amor, tal como Medeia nos mostra. Ainda que os seus atos de proteção em direção a Jasão se distingam do ato de vingança, o que aí se repete é um gozo experimentado em nome do amor.

Então, como estamos vendo, são as categorias lógicas de Aristóteles que nos ajudam a distinguir, com Lacan, o gozo d'A Mulher, impossível, do gozo feminino, que, obedecendo à lógica do gozo da mulher, apresenta-se contingente, aberto ao infinito, ilimitado e, portanto, indizível e inabordável.

Referências

FREUD, S. Algumas consequências psíquicas da distinção anatômica entre os sexos. In: *Edição Standard das Obras Completas de Sigmund Freud*. Rio de Janeiro: Imago, Vol. XIX, 1977. (Trabalho original publicado em 1925).

LACAN, J. *O Seminário, livro 20*: Mais, ainda. Rio de Janeiro: Jorge Zahar Ed., 1985. (Trabalho original proferido em 1972-73).

LACAN, J. Diretrizes para um congresso sobre a sexualidade feminina. In: *Escritos*. Rio de Janeiro: Jorge Zahar Ed., 1998. (Trabalho original publicado em 1958).

LACAN, J. *O Seminário, livro 5*: As formações do inconsciente. Rio de Janeiro: Jorge Zahar Ed., 1999. (Trabalho original proferido em 1957-58).

LACAN, J. *O Seminário, livro 10*: A angústia. Rio de Janeiro: Jorge Zahar Ed., 2005. (Trabalho original proferido em 1962-63).

LACAN, J. *O Seminário, livro 18*: De um discurso que não fosse semblante. Rio de Janeiro: Jorge Zahar Ed., 2009. (Trabalho original proferido em 1970-71).

LACAN, J. *O Seminário, livro 19*: ... ou pior. Rio de Janeiro: Jorge Zahar Ed., 2012. (Trabalho original proferido em 1971-72).

O FEMININO PARA ALÉM DOS GÊNEROS[1]

Cristiana Pittella

O que sou? A questão do falasser

Com a psicanálise, a questão da diferença sexual, do *ser sexuado*, tornou-se uma questão fundamental para a existência (Leguil, 2016).

Quando se espera um filho, pergunta-se: é menino ou menina? Essa pergunta sobre o ser sexuado, só podemos formulá-la a partir da linguagem, do binarismo de sua estrutura, que opera pela distinção e articulação de dois significantes S1-S2: ser/não ser, homem/ mulher.

Num momento seguinte, é o sujeito mesmo quem se pergunta e tem que subjetivar quem ele é como ser sexuado. Como ser falante, para dar resposta à questão da própria existência, do que se é, pergunta-se "sou homem ou mulher?" ou, ainda, "o que fazemos para ser

1 Texto apresentado no dia 21 de agosto 2020 ao Núcleo de Pesquisa em Psicanálise e Medicina do IPSM-MG.

homem ou mulher?", "como encontramos satisfação enquanto homem ou mulher?".

A descoberta do inconsciente coloca em jogo a dimensão do corpo e da sexualidade. Encontramos modos diversos de embaraço, angústia, vergonha, inibição, culpabilidade e sintomas do sujeito diante do sexo. Seja um sofrimento em relação a si mesmo, seja em relação ao outro: "sou menina ou menino?", "ele/ela é menino ou menina?", "quero ser uma menina/menino....", "não sou suficientemente homem/mulher", "sou mais homem/mulher do que ele/ela...", "tenho esse corpo, esse sexo anatômico, mas sou mulher/homem...", "sou assexuado", "sou pansexual", "sou bi", "sou trans...", e por aí vai.

Ao abordarmos a questão da sexuação na psicanálise, distanciamo-nos da abordagem natural e determinista em que há uma equivalência do gênero masculino e feminino a um programa biológico. Com Freud, sexo anatômico e psíquico são distintos.

Por sua vez, distinguimo-nos também da perspectiva culturalista, cujas normas sociais levariam, segundo os "estudos de gênero", a uma sujeição às normas que fariam obstáculo ao ser verdadeiro.

Esses "estudos de gênero" têm alcançado uma importância ao produzir conhecimentos que incidem em diversos movimentos sociais em nossa civilização com ganhos políticos relevantes, dado que ainda somos ameaçados, no mundo de hoje, por uma lei de ferro que aspira à refundação de normas de gênero na tentativa de assegurar a identidade e os bons costumes – "que o mundo seja rosa para as meninas e azul para os meninos".

Mas o seu avesso, um anseio pelo desaparecimento dos gêneros, ou mesmo a sua multiplicação ao infinito, não é suficiente para acolher e tratar o sofrimento íntimo do *falasser* nem elimina a lógica binária contida na estrutura da linguagem. A linguagem é condição do ser, mas sua incidência na carne simultaneamente produz gozo no corpo e comemora sua perda, o que Lacan nomeou *falta-a-ser*. Nesse sentido, o gênero é uma tentativa de o sujeito de ir ao encontro de seu ser, sem que nunca possa alcançá-lo completamente.

Sexual, o furo no saber

A dificuldade de o sujeito encontrar ou de se sentir adequado em um gênero nos revela que o sexo é enigmático e a sexualidade presentifica algo opaco e inassimilável, real, na existência do *falasser*. Enquanto *ser falante*, nascemos sem um corpo e, para a sua tessitura, não temos nenhuma evidência de que somos homem ou mulher.

Freud nos fala das consequências psíquicas da diferença anatômica, ou seja, há uma exigência psíquica de sexuação para que esse furo, que ele chamou de sexual, encontre sua função. O sexo decorre, portanto, da interpretação do ser falante na sua relação com seu corpo.

A lógica do inconsciente e o paradigma da diferença dos sexos coloca em jogo o modo como o sujeito foi marcado, como ele se viu desejado ou rejeitado, amado ou odiado, deixado cair ou acolhido pelo Outro, não levando a nenhum determinismo anatômico ou social.

Trata-se, portanto, de uma interrogação subjetiva que é respondida de um modo singular a partir das interpretações e leitura dessas marcas, dos desejos e traços de gozo deixados pelo encontro contingente do sujeito com o Outro. Assim, a psicanálise retira a dimensão patológica do sofrimento ao tratá-lo como uma questão íntima, uma estranheza ou, ainda, uma certeza do sujeito. Ela não visa a normalizar o desejo, colocar o sujeito nos trilhos do que o Outro – ou a sociedade – espera dele, livrando-o da crença numa normalidade.

Não sou... Quero ser...

Em dois casos clínicos atendidos por Cristina Drummond (2004), encontramos uma mesma frase – “Quero ser uma menina...” – proferida por dois meninos distintos, acometidos por um gozo fora de sentido, que surge no corpo e é difícil de ser integrado por cada um, em sua vida de criança. Embora seja uma mesma formulação, refere-se a dois modos singulares de responder à questão do ser e da sexuação.

Para um deles, estava em jogo uma perda, um consentimento com a castração. O menino estava ameaçado de perder o lugar ao qual se identificara enquanto objeto, falo, que faltava à mãe, identificação cujo efeito era feminizante.

Para o outro menino, era o seu modo de tratar o gozo ilimitado, o empuxo à mulher, já que não lhe foi possível localizar-se, por sua estrutura, como falo da mãe.

O encontro com o analista fez parte dessas contingências que tornam o inconsciente operatório, pois dá lugar à fala, à voz, da criança. Para o primeiro menino, o efeito de separação da identificação ao falo dá lugar ao sujeito, à falicização do gozo e à subjetivação da castração.

Já o segundo menino, que não tinha à sua disposição o falo como uma função que coordena o gozo à castração, ao analista coube acompanhar o sujeito nas invenções que produziam um certo esvaziamento do gozo e o impediam entregar o real de seu corpo. A construção de um aparato ao gozo dá consistência ao corpo e permite ao menino uma maior circulação social.

Vemos nos dois casos como o gênero é uma tentativa malfadada de alcançar o ser. O analista, longe de se apoiar em nomeações ou tratamentos pré-estabelecidos, oferecidos pelo Outro, ou mesmo as nomeações consideradas atualmente uma 'autodeterminação', vai dar lugar às palavras, ao sofrimento íntimo do sujeito - nesse momento em que ele se encontra sozinho em torno do que lhe acontece -, para permitir que a criança construa uma solução, sempre singular, face aos seus interesses pulsionais e seus enigmas.

Não há relação sexual

Desde os primórdios, a psicanálise, com a descoberta do inconsciente e a construção dos conceitos de desejo e pulsão, retira a heterossexualidade de uma suposta naturalidade e preeminência. A sexualidade, Freud esclarece, é polimorfa e não visa à reprodução, posto que a satisfação da pulsão é sempre parcial. Com os *Três ensaios sobre a teoria da sexualidade*, ele aponta para a diversidade sexual e, por consequência, a psicanálise não é heteronormativa nem guardiã das normas de gênero, como alguns tentam, por ignorância, fazê-la passar.[2]

2 Essa foi uma das acusações à psicanálise feita por Paul (antes Beatriz) Preciado, homem trans ativista do Feminismo Queer, na Jornada da École de La Cause Freudienne, realizada em novembro de 2019. Preciado alegoricamente se apresenta, na ocasião, como o macaco de um conto de Kafka que, caçado e amestrado, transforma-se em homem, numa crítica kafkiana ao desumanismo europeu. Paul Preciado parece desconhecer as funções do falo, seja como significante do desejo, desvinculado da significação, seja como uma função de gozo, como verificador do real. Portanto, ele desconhece, por consequência, o real para a psicanálise – do sexo e do

Desde o início de seu ensino, em sua orientação, Lacan também não superpõe as funções maternas e paternas às questões de gênero, e, se ele enfatiza o hétero, a alteridade, é justamente para demarcar o Outro sexo, a impossibilidade de fazer Um no amor e na sexualidade.

O que Lacan escreveu como "Não há relação sexual" é algo bem subversivo e aberto a invenções.

O feminino como regime do gozo

A primazia do falo como significante do desejo e função de gozo é o que permite ao *falasser* subjetivar o sexo e encontrar uma posição sexuada, um modo de gozo. Para o inconsciente só há um sexo, o fálico.

No sentido lógico dado por Lacan (1985, p. 105) na tábua da sexuação, a partir da extração do gozo pela função do falo que o coordena à castração, encontramos dois modos de inscrição do gozo face à inexistência da relação sexual. Um deles é o masculino, que é um gozo limitado, localizável e todo circunscrito pela castração. Qualquer sujeito que se situe desse lado na sexuação encontra seu gozo enquadrado pela norma fálica, o gozo fálico.

gozo –, assim como desconhece o feminino, a inexistência d'A mulher, a inexistência da relação sexual e a importância do sinthoma para a psicanálise.

O outro, o feminino, é um modo de gozo *não todo* submetido à castração, portanto, ilimitado e não localizável. Embora inscrito na função fálica, o falo não drena todo o gozo. Aqueles que se situam desse lado experimentam um modo de gozo suplementar e contingente, que os tornam ausentes do mundo do Outro. Abre-se um espaço entre o centro e a ausência (Lacan, 2012, p. 118), a saber, entre o centro simbolizado pelo falo e a ausência, o vazio S(Ⱥ).

O feminino é, para a psicanálise, essa via inventada por Lacan para o "continente negro" freudiano. Se Freud, ao se deparar com o enigma de uma satisfação feminina, perguntou-se pelo que quer a mulher, Lacan, por sua vez, escuta e lê o silêncio dessa satisfação indizível que alguns sujeitos experimentam e testemunham com sua escrita. A originalidade de Lacan é a de conceber o feminino como um modo de gozo que remete ao que excede às normas. Um gozo que não se deixa capturar pelo significante, experimentado como alteridade irredutível tanto para o homem como para a mulher, o que torna impossível a harmonia e a complementaridade entre os sexos.

É por não existir no inconsciente o significante feminino que Lacan afirma que "A Mulher não existe"; sua existência está ligada à indeterminação e à invenção de uma existência singular. Nesse sentido, saímos da lógica binária do significante, aquela do Outro, da ausência e da presença do falo que possibilita a articulação do feminino, S1, ao masculino, S2, para a lógica do Um, do gozo – o que levou J.-A. Miller, em seu seminário "O Ser e o UM" (2011), a afirmar que o gozo feminino é o princípio do regime do gozo como tal, ao qual todos os seres falantes são confrontados. Isso quer dizer que o gozo como tal é concebido fora da dialética da linguagem e da maquinaria do Édipo; é o gozo reduzido ao acontecimento de corpo, o que inspirou Éric Laurent (2020) à assertiva de um *Unarismo* radical da psicanálise (S1).

O feminino estaria, então, fora da lei da articulação significante, mais além da norma fálica, mais além do gênero.

O feminino mais além do gênero

Quais seriam as respostas do *falasser* ao se deparar com o feminino que constitui o próprio gozo? Quais defesas ele erige e quais soluções ele inventa como resposta e anteparo ao real, que marca a solidão de todo ser de linguagem?

Uma adolescente em análise, de aparência andrógina, se apresenta como pansexual. O sexo do parceiro não importa, e sim o amor. Ela se diz uma menina, gosta de meninas, mas não é lésbica e nunca ficou com um menino. Quando a amiga pela qual a jovem está enamorada curte e tece elogios na foto de uma outra amiga em comum numa rede social, a jovem é atravessada por um ciúme, um amor louco, um gozo que a devasta. Quer ver tudo e vigiar. Se o amor vem fazer suplência à inexistência do significante d'A Mulher, ele cria a ilusão de inscrição do ser no Outro. A jovem, ao supor ser trocada por uma Outra, depara-se com o furo no saber, com o real do sexual e a ameaça de surgir A Mulher.

Seu sofrimento não é contido pela imagem andrógina nem pela identidade de gênero pansexual, na qual ela se apresenta. Se a identificação fálica projeta o corpo no universo dos semblantes – seja pela *mostração*, seja pela *mascarada* –, eles não se sustentam e a jovem cai do olhar do Outro.

Esse gozo que a devasta parece ser a manifestação de um gozo *não todo* limitado pelo falo, que tende à infinitização, mais além do gozo ordenado pela norma fálica. A devastação é a outra face do amor (Miller, 2015, p. 81) e coloca em jogo um real do corpo mobilizando o vazio do feminino. Mas, na devastação, o sujeito imputa a causa desse estrago ao Outro, diferentemente de um amor *não todo*, em que a mulher se experimenta como Outra para si mesma.

A jovem adolescente, nesse momento de sua análise, retorna aos significantes primordiais que marcaram seu corpo. Localiza a queda do olhar materno face à subserviência da mãe em relação à violência do pai.

Ela tenta, pelo amor, encontrar a substância daquilo que não recebeu da mãe nem do pai. E se ela mostra ao pai como se ama uma mulher; o gozo da mãe enquanto mulher é um enigma para ela. Sua solidão fica exacerbada. Nessa travessia não esperamos nada, aguardamos.

Referências

DRUMMOND, C. Caso clínico: Quero ser uma menina – Uma aplicação da psicanálise. *Papéis de Psicanálise*, v. 1, n. 1, p. 33-47, abr. 2004.

LACAN, J. *O Seminário, livro 20*: Mais, ainda. Rio de Janeiro: Jorge Zahar Ed., 1985. (Trabalho original proferido em 1972-73).

LACAN, J. *O Seminário, livro 19*: ... ou pior. Rio de Janeiro: Jorge Zahar Ed., 2012. (Trabalho original proferido em 1971-72).

LAURENT, É. Protegido: El Unarismo lacaniano y la variación de las conductas sexuales. *Psicoanálisis Lacaniano*. Disponível em: <https://psicoanalisislacaniano.com/2020/03/07/elaurent-unarismo-lacaniano-variacion-conductas-sexuales-20200307/>.

LEGUIL, C. *O ser e o gênero*: homem/mulher depois de Lacan. Belo Horizonte: Editora EBP, 2016.

MILLER, J.-A. *L'orientation lacanienne*: L'Être et l'Un. Curso pronunciado no Departamento de Psicanálise da Universidade Paris VIII. Lição de 23 mar. 2011. (Inédito).

MILLER, J.-A. O osso de uma análise. In: *O inconsciente e o corpo falante*. Rio de Janeiro: Jorge Zahar Ed., 2015.

O FEMININO E A LEI[1]

Mônica Campos Silva

Primeiramente, seria importante localizar os pontos de aproximação entre infamiliar e feminino, mas também aquilo que os difere. As manifestações de *Unheimlich* colocam em jogo a aparição do objeto *a*, enquanto real, ali onde a castração deveria estar (Pittella, 2020). Por não encontrar uma tradução simbólica, não ser especularizável, é experimentado como infamiliar, estranho e sem sentido.

O feminino, por sua vez, para a psicanálise, é um Outro gozo, estrangeiro. Um gozo como alteridade irredutível tanto para o homem como para a mulher, o que torna impossível a simetria e a reciprocidade entre os sexos.

Nesse caminho, a diferença do feminino para o infamiliar se dá na medida em que o feminino é da ordem de um gozo não-todo, sem delimitação e fora de

1 Texto apresentado no Núcleo de Pesquisa e Investigação em Psicanálise e Direito em 28 de agosto de 2020.

qualquer semblante, a saber, sem relação com o Outro. Quanto mais o procuramos do lado do significante, mais o perdemos, enquanto o infamiliar se refere ao encontro com o objeto e esse não deixa de estar articulado ao semblante, ao Outro.

Desse modo, a articulação entre o feminino e o infamiliar é possível de ser observada quando, ao responder a Marcel Ritter, Lacan amplia a utilização do prefixo *Un*. Para além da negação, existe um *não reconhecido*, ou seja, quando o sentido ou toda possibilidade de sentido se interrompe. Há um ponto de falha na rede que se especifica por não poder ser dito de jeito nenhum, qualquer que seja a abordagem [...] o sujeito conserva a marca em algum lugar de um ponto onde não há nada a fazer (Lacan, 2020).

Há, no campo da palavra, algo impossível de reconhecer. De forma que o *Un* tem também o valor que designa propriamente o dizer o impossível, o limite... o impossível de reconhecer. Para Lacan, isso não é simplesmente uma questão factual, mas uma questão de impossibilidade.

Lacan assinala que o Real se especifica também por um *Un* no sentido de um impossível. Desse modo, continua ele, escrever um *x* e um *y* para indicar o macho e a fêmea é o que, manifestadamente, não podemos fazer. Há uma relação ao falo que instaura aí um terceiro irredutível, não havendo em nenhum lugar a possibilidade de se formular, de alguma maneira, a relação entre os sexos.

Lacan marca que aquilo que Freud designou pelo termo de função fálica introduz

> [...] irredutivelmente no *falasser*, na relação entre os sexos, um terceiro cuja importância não é menor em uma mulher, como eu me exprimo. Visto que eu digo que a mulher, esta não é universalizável, que não há mulher específica daquilo que chamo sempre como a universalizada. (Lacan, 2020)

Acrescenta ser imaginável que a relação de uma mulher com o inconsciente seja diferente da relação do homem com o inconsciente... O fato é que as mulheres que existem, no plural, são mais dotadas para falar do inconsciente, de uma maneira mais eficaz, que a média dos homens.

Se, para Freud, a distinção entre os sexos tem consequências nas mulheres, pois, estando excluído o temor da castração, faltaria um motivo para o estabelecimento de um supereu, para Lacan, por sua vez, o efeito seria um supereu mais implacável, aquele que exige sempre mais, pela falta de limites imposta pela função fálica – lembrando que, para Lacan, a mulher é não-toda inscrita na função fálica.

Para Freud, as perversões são consideradas privilégio dos homens; já em relação às mulheres, a participação em atos perversos não parece motivada por uma vontade de gozo, mas determinada por uma acomodação à fantasia ou à demanda do Outro. Freud comenta que a paixão amorosa tem o poder de reinstalar perversões que, no caso das mulheres, estão articuladas às fantasias masculinas. Lacan, ao situar a mulher como não-toda, a exclui de se estruturar de maneira perversa. "Ela é definitivamente privada de saber sobre o gozo que a constitui como não-toda". A mulher não é toda mulher, uma parte da mulher é marcada pelo falo, pela castração. A essência da feminilidade não é a castração, mas a castração é a condição para a feminilidade (Alvarenga, 2002).

Miller, em seu seminário "O osso de uma análise" (2015), ao tratar do parceiro-sintoma, menciona que o *falasser* é o contrário de falta-a-ser, é o sujeito mais o corpo, é o sujeito mais a substância gozante. Com essa formulação, ele põe em questão o conceito de Outro introduzindo o parceiro-sintoma.

O parceiro-sintoma é uma mudança de perspectiva na relação do sujeito com o Outro. No nível da fala, há uma relação entre o sujeito e o Outro, mas, no nível sexual, não há, justamente, relação do significante necessária entre Um e Outro. O parceiro-sintoma não é um corpo mortificado, esvaziado de seu gozo, é um corpo vivo, sexuado. O *falasser* também tem um corpo sexuado. Para Laurent, é entre o invisível feminino e o visível fálico que se localiza a representação do corpo e do gozo, acrescentando que não há localização típica do gozo feminino.

Para Miller, o parceiro se funda no nível do gozo, e não do significante: a relação do parceiro supõe que o Outro se torna o sintoma do *falasser*, isto é, torna-se um meio de gozo. O parceiro sintoma do homem tem a forma de fetiche, enquanto o parceiro sintoma feminino tem a forma erotomaníaca. Se o homem tem que resolver o problema da fantasia, o feminino tem que resolver a questão do amor, e é isso a erotomania.

Segundo Laurent, há, do ponto de vista do amor, para o sujeito feminino, uma zona que se pode apresentar como uma espécie de placa giratória na qual o sujeito se lança cada vez mais longe no "dar tudo ao homem amado", "ser tudo para ele", ou seja, "tudo dar para ser tudo". Mais adiante, ele comenta o que Lacan chamava de zona passional, isto é, de zona erotomaníaca do amor feminino, onde, em última instância, pode-se destruir o que se tem de mais querido, sendo esta uma consequência da forma erotomaníaca.

Para a mulher, seu modo de gozar exige que seu parceiro fale, seja castrado e a ame. Quer dizer que, para ela, é tecido de gozo. Miller expõe que, embora hoje a mulher tenha mais liberdade, a estrutura não mudou. Para o homem, seu modo de gozar exige que seu parceiro responda a um modelo, o gozo tem sempre algo de limitado, de circunscrito, de localizado e de contabilizável. Do lado feminino, há a ilimitação do gozo. A demanda de amor comporta um caráter absoluto e uma visada ao infinito, o todo não fazendo um, abrindo para o infinito.

Laurent menciona que a exigência do sujeito feminino é uma exigência de gozo, desse gozo distinto do gozo fálico. Lacan faz dessa exigência uma exigência superegoica, um comando que se enuncia como uma ordem de gozo, levando uma mulher a não cessar de querer que um homem seja seu Outro.

A meu ver, quando Miller introduz o parceiro-devastação, é possível localizar algo sobre o feminino e o infamiliar. Ele parte da afirmação que o sujeito feminino fica diante do retorno de sua própria demanda infinita de amor. A demanda de amor, em seu caráter infinito, retorna ao *falasser*. A devastação, como a outra face do amor, é o retorno da demanda de amor, o que quer dizer que é como o sintoma, exceto que tem um índice de infinito. O sintoma do lado feminino é marcado pelo infinito da estrutura do Não-Todo, tomando a forma de devastação. A busca de uma localização na parceria amorosa levaria, em muitos casos, a uma concessão também ilimitada, inclusive às transgressões e ao crime?

O que é ser devastado? Miller anota que é quando há uma assolamento que se estende a tudo, que não termina, não conhece limites. Um homem pode ser uma devastação para uma mulher, mas pode, também, ser o modo como acontece seu deslumbramento (conduzir a um estado de felicidade extrema). Nesse sentido, o deslumbramento poderia ser o primeiro passo para a devastação. Deslumbramento, devastação, concessão, infinito.

Miller cita o segredo do masoquismo feminino como erotomania. Que ele me bata não é o que conta, o que conta é que eu seja seu objeto, que eu seja seu parceiro-sintoma; se isso me devasta, tanto melhor. O gozo feminino é a erotomania de estrutura.

Mais adiante, Miller introduz o parceiro contemporâneo assinalando que ocorreram mutações extraordinárias na relação dos sexos. Há uma mutação que vai ao sentido de uma igualdade, no sentido do significante, na medida em que homens e mulheres são sujeitos de direito, se interpondo ao discurso jurídico. O discurso do direito, segundo Lacan, é o discurso da repartição do gozo, e isso implica, do lado feminino, certo abandono do infinito; implica, sob a forma do semblante, a adoção do modelo masculino. *Máscara-ulina.* A mulher moderna tende a fazer do homem um pequeno *a*; ela lhe diz "você é apenas um meio de gozo", mas não é verdade, é tudo um teatro. Teríamos aí uma das saídas do feminismo?

Miller (2015) marca que "elas vão para cama por amor, e quando elas brincam de separar a atividade sexual do amor, para fazer como os meninos, isso se torna problemático para elas próprias, aliás para os meninos também". Por aí, o preço a pagar seria uma maior dificuldade na própria relação com o feminino?

Vale destacar a afirmação de Miller que, quanto mais a mulher existe do ponto de vista do sujeito de direito, tanto mais ela desaparece, sob a máscara masculina, mas que uma mulher tem sempre um ponto de devastação, que não há relação com a lei que possa poupá-la disso.

Segundo Bassols (2019), quanto mais presente se faz a feminilidade fálica – a feminilidade que tem uma representação –, quanto mais se tenta representar algo dessa feminilidade do lado fálico, mais se intui, mais se supõe algo não representável, algo que está mais além e mais aquém, sem fronteira, sem reciprocidade possível, do feminino. Nesse sentido, a desautorização da feminilidade é de fato um modo de repúdio da diferença sexual, uma diferença que não tem uma inscrição no aparato psíquico, sendo a sexualidade a diferença entendida como alteridade do gozo do corpo.

Miller completa que seria necessário que as mulheres despertassem, mas que despertassem da boa maneira, não da mesma maneira que os homens. O que é preciso esperar é que, uma vez atingido certo nível de igualdade no discurso jurídico e da economia, o movimento feminino utilize outro canal que não o discurso jurídico.

Elisa Alvarenga (2020), em seu texto "O que há de novo nas parcerias?", anota que, em seu ultimíssimo ensino, Lacan vislumbrou, através do gozo feminino, ilimitado, indizível, o regime do gozo como tal, reduzido ao acontecimento de corpo. Assim, podemos dizer que o gozo que chamamos fálico passa essencialmente pela linguagem e o gozo não fálico seria esse que passa pelo corpo, gozo feminino, do que insiste Lacan, não temos representação possível. O feminino não é, desse modo, uma causa necessária e suficiente; é mais bem da ordem do contingente, do encontro fortuito, do encontro do acaso (Bassols, 2019).

Retomando a intervenção de Alvarenga (2020), "por esta via entendemos que o gozo mudo da sexualidade feminina foi estendido também ao homem, o que podemos testemunhar na devastação amorosa de vários homens na contemporaneidade".

Para concluir, a psicanálise se dirige a que sua prática efetue um enodamento: clínica-política-ética. Enquanto clínica, a concerne o tratamento do gozo e o laço social. Enquanto política, a concerne intervir e incidir no laço social na civilização contemporânea. Enquanto o Direito legisla sobre a distribuição do gozo, a operação com o objeto irredutível que resta a essa distribuição comanda a ética na psicanálise produzindo o discurso psicanalítico. Enquanto as leis são os parâmetros universais que refletem os valores da cultura – um para todos –, a prática psicanalítica se dirige a produzir um uso singular da norma sustentada em outro estatuto de valor que, ao dimensionar a norma, produz sua legitimação: um por um (Abeles et al., 2005). Esse ponto nos conduz a um discurso que comporta o não-

-todo, o feminino, ao denunciar os semblantes que visam a toda consistência do Outro (Laurent, 2012).

Referências

ABELES, A. et al. Adopción, dispositivo analítico... dispositivo ampliado. In: MILLER, J.-A. (Org.). *Carretel*: Psicoanálisis con niños. Buenos Aires: Grama Ediciones, 2005, p. 65-72.

ALVARENGA, E. O feminino e a lei. *Revista Curinga: As versões do pai – a lei e o fora-da-lei*, Belo Horizonte: EBP-MG, v. 18, nov. 2002.

ALVARENGA, E. O que há de novo nas parcerias?. In: *Boletim Mutantes 2. XXIV Jornada EBP-MG – Mutações do laço social: o novo nas parcerias*, 2020. Disponível em: <https://www.jornadaebpmg.com.br/2020/wp-content/uploads/2020/08/argumento2_elisa_alvarenga.pdf>.

BASSOLS, M. *Lo femenino, entre centro y ausencia*. Buenos Aires: Grama Ediciones, 2019.

LACAN, J. O umbigo do sonho é um furo. *Opção Lacaniana*, v. 82, abr. 2020.

LAURENT, É. *A psicanálise e a escolha das mulheres*. Belo Horizonte: Scriptum Livros, 2012.

MILLER, J.-A. O osso de uma análise. In: *O inconsciente e o corpo falante*. Rio de Janeiro: Jorge Zahar Ed., 2015.

PITTELLA, C. *Argumento*. 2020. Disponível em: <http://www.institutopsicanalise-mg.com.br>.

O EMPUXO-À-MULHER

SCHREBER: O EMPUXO-À-MULHER NÃO É O FEMININO[1]

Elisa Alvarenga

A expressão empuxo-à-mulher aparece uma única vez no ensino de Lacan, em seu texto "O aturdito", ao comentar o lado feminino das fórmulas da sexuação: $\overline{\exists x}\ \overline{\Phi x}$ e $\overline{\forall x}\ \Phi x$.

Retomemos rapidamente essas fórmulas, apresentadas por Lacan no *Seminário 20* e em "O aturdito". Temos, do lado masculino, a exceção paterna, $\exists x\ \overline{\Phi x}$, em que existe um x para o qual a castração não opera. Φx indica que x é marcado pelo falo, portanto, castrado. Existe um x que faz exceção à castração, que é o pai. Essa exceção é o que faz valer a regra $\forall x\ \Phi x$: todo x está marcado pelo falo, pela castração. O conjunto dos homens é um conjunto fechado, justamente porque um faz aí exceção.

Do lado feminino, temos $\overline{\exists x}\ \overline{\Phi x}$, ou seja, uma negação da exceção paterna. Se não há exceção, o con-

1 Texto apresentado no Núcleo de Pesquisa e Investigação em Psicanálise e Psicose em 04 de setembro de 2020.

junto das mulheres não é um conjunto fechado: $\overline{\forall x}\,\Phi x$ – o sujeito feminino não está todo inscrito na função fálica. As mulheres são marcadas pelo falo, passam pela castração, mas há algo do seu gozo que ultrapassa o gozo fálico, o gozo limitado pelo falo: $\overline{\forall x}\,\Phi x$.

O empuxo-à-mulher na psicose, distinguindo-se da posição feminina, corresponderia à negação da ausência da exceção paterna, $\overline{\exists x}\ \overline{\Phi x}$, ou seja, à positivação da exceção do lado feminino da sexuação? Não havendo a exceção ou função paterna, estamos no campo da psicose, onde tampouco opera a função fálica $P_0 \rightarrow \Phi_0$. Não havendo o Nome do Pai, tampouco a função fálica, teríamos a tentativa de fazer existir o significante d'A mulher. Quando a função fálica é operante, A mulher não existe. Não havendo a função do falo, função de limite ao gozo, teríamos o gozo sem limites d'A mulher que não existe, diferente do gozo suplementar de uma mulher não-toda fálica.

Fazer existir A mulher seria o correlato, na psicose, a fazer existir a relação sexual, como em um caso de psicose em que, não havendo lei paterna para barrar a mãe, o sujeito faz da mãe sua mulher, A mulher, tentando fazer existir, com ela, a relação sexual.

Voltando ao "Aturdito", cito Lacan (2003a, p. 466):

> Elas são não-todas, o que tem também como consequência, e pela mesma razão, que tampouco nenhuma delas é toda. Desenvolvendo a inscrição que fiz

> da psicose de Schreber por uma função hiperbólica, poderia demonstrar, no que ele tem de sarcástico, o efeito de empuxo-à-mulher, que se especifica pelo primeiro quantificador, depois de precisar que é pela irrupção de *Um-pai* como sem razão, que se precipita, aqui, o efeito sentido como de forçamento para o campo de um Outro a ser pensado como o mais estranho a qualquer sentido.

Lacan (2003a, p. 466) continua: "Mas, elevando a função a sua potência de lógica extrema, isso seria desnorteante. Já pude avaliar a dificuldade que teve a boa vontade para aplicar isso a Hölderlin: sem sucesso".

Então, vemos que Lacan diferencia o empuxo-à-mulher da posição feminina, não toda fálica, especificando o efeito do empuxo-à-mulher pelo primeiro quantificador, ou seja, pela não existência da exceção do lado feminino das fórmulas da sexuação, como também aponta a dificuldade de generalizar esse efeito a um caso de psicose como aquele do poeta esquizofrênico Hölderlin.

A função hiperbólica nos remete ao esquema I da "Questão preliminar" (Lacan, 1998a, p. 578), com suas hipérboles do lado do imaginário e do lado do simbólico em torno dos furos de Φ_0 e P_0, e ao futuro assintótico no qual se concluiria a transformação de Schreber em mulher, indicada, mas não alcançada. Já o sarcasmo que se depreende do empuxo especificado pelo quantificador existencial $\overline{\exists x}\ \overline{\Phi x}$ consiste em tentar ocupar um lugar impossível de exceção, pois esse lugar ou é paterno (do lado homem) ou é logicamente impossível (do lado mulher) (Gama; Bastos, 2010, p. 145).

Para Jean-Claude Maleval (2000, p. 131), Lacan só pôde nomear o empuxo-à-mulher depois de ter conseguido escrever o matema da ausência de exceção do lado feminino das fórmulas da sexuação. Foracluído do simbólico, o significante d'A mulher tende, no delirante, a retornar no real. Ele considera que Lacan discerne sucessivamente duas funções para a feminização de Schreber: em 1958, a de gerar um ocupante do lugar do falo; em 1973, a de produzir uma figura da exceção paterna. As duas abordagens não são exclusivas, elas dão ênfase ao trabalho de compensação que correlaciona os dois elementos (Maleval, 2000).

O empuxo-à-mulher decorre da ausência estrutural da função fálica, em que o significante que representaria a mulher não existe. Assim, o psicótico não inscreve A mulher, que, estruturalmente, não existe. O empuxo-à-mulher não corresponde à inscrição no lado mulher, tampouco à inscrição de A mulher, mas traduz uma pressão intrínseca à estrutura da psicose, diante da diferença sexual não simbolizada, em direção a um gozo infinito. Aqui caberia diferenciar o não conjunto das mulheres, ilimitado, do empuxo ao gozo infinito nas psicoses. Podemos aventar a hipótese de que, experimentando o empuxo-à-mulher, o sujeito é convocado a inventar não o lugar da exceção, que corresponderia à exceção paterna, mas uma posição de exceção, no sentido em que, por não estar amparada por um discurso estabelecido, é inédita e absolutamente original (Gama; Bastos, 2010, p. 147).

Tais posições de exceção puderam ser destacadas em alguns casos de psicose que o Núcleo de Psicose acompanhou, em outros tempos, no Instituto Raul Soares, como "o pai do terceiro milênio" ou "a força física" em pacientes do sexo masculino. Mas as figuras do empuxo-à-mulher podem também se manifestar como figuras d'A mulher toda, nomeadas pelas próprias pacientes como "a virgem eterna", "a mãe do bairro", "a reformadora", etc. Menos originais, porque extraídas de um discurso religioso, temos, do lado mulher, "a eleita de Deus" e, do lado homem, "o arcanjo Gabriel", "Jeová", "Jesus Cristo", etc. Mas o empuxo-à-mulher pode se manifestar também de maneira discreta nas psicoses não desencadeadas, na ideia de ter um corpo feminino, de que duvidam de sua virilidade, de que seu corpo quer rebolar, etc. São índices discretos e úteis para formular a hipótese de que estamos diante de um caso de foraclusão do Nome do Pai, P_0, ou pelo menos de foraclusão do falo, Φ_0.

Dito isso, vejamos como Lacan, na "Questão preliminar", nos apresenta o empuxo-à-mulher em Schreber, sem, no entanto, nomeá-lo como tal. Verificaremos a hipótese segundo a qual o efeito de empuxo-à-mulher não se reduz à irrupção de um gozo desatado, desmedido, mortífero, mas pode facilitar uma certa regulação desse gozo, apaziguá-lo, se há uma solução elegante (Kaufmanner, 2023), como propõe Lacan para Schreber, ou uma metáfora delirante, uma nomeação. São duas vertentes do empuxo-à-mulher postuladas por Angélica Bastos, que considera que a erotomania pode ter um papel importante rumo à estabilização, como em Schreber, na passagem da mulher que falta aos homens para a mulher de Deus, criando uma posição excepcional (Gama; Bastos, 2010, p. 154–155).

Schreber

Na "Questão preliminar...", Lacan (1998a, p. 571) observa que aquilo que confina, no nível imaginário, com a transformação do sujeito em mulher é justamente o que o faz abdicar de qualquer herança da qual ele possa legitimamente esperar a atribuição de um pênis a sua pessoa. Ser e ter o falo se confundem quanto ao resultado quando se trata de uma falta. Assim, não é por estar foracluído do pênis, mas por ter que ser o falo, que o paciente estará fadado a se tornar uma mulher. Seja por qual identificação pela qual o sujeito assumiu o desejo da mãe, ela desencadeia, por ser abalada, a dissolução do tripé imaginário: na impossibilidade de ser o falo que falta à mãe, resta-lhe a solução de ser a mulher que falta aos homens.

Para Lacan, está justamente nisso o sentido da fantasia do período de incubação de sua segunda enfermidade, de que seria belo ser uma mulher na hora da copulação. Para Freud (2010, p. 57), a transferência a Flechsig – que o acompanhou durante sua primeira enfermidade –, que se manifestou como hipocondria, teria um papel no desencadeamento da segunda enfermidade, na qual a ideia delirante de ser transformado em mulher é inadmissível. Schreber experimenta sofrimentos terríveis, pois seu corpo deveria ser entregue ao Dr. Flechsig para fins de abusos sexuais e, finalmente, ser deixado largado e abandonado à putrefação (Schreber, 2006, p. 67).

No efeito de empuxo-à-mulher, a invasão de um gozo desmedido toma o sujeito como objeto de um Outro devastador. Ele é submetido a terríveis experiências corporais, e a transformação de seu corpo em corpo de mulher é considerada contrária à Ordem do Mundo. Para Freud, era impossível para Schreber resignar-se a representar o papel de uma prostituta na relação com seu médico, relação que Lacan considera uma erotomania mortífera.

Através do trabalho do delírio, Schreber fará a passagem de Flechsig a Deus reconciliando-se com o pensamento de ser transformado em mulher, o que passa a estar em conformidade com a Ordem do Mundo. O efeito do empuxo-à-mulher recebe, assim, através do delírio, um enquadramento. Para Lacan, Freud falhou ao fazer o tema homossexual depender da ideia de grandeza, devido ao fato de ainda não ter formulado sua teoria do narcisismo. Assim, a verdadeira mola da inversão da posição de indignação em aceitação da transformação em mulher seria que, no intervalo das duas, o sujeito viveu a experiência delirante de ter morrido, que corresponde ao período de suas vivências catatônicas.

O retrato que as vozes fazem de Schreber, como "um cadáver leproso conduzindo outro cadáver leproso", é, para Lacan (1998a, p. 574), uma descrição brilhante de uma identidade reduzida ao confronto com seu duplo na regressão do sujeito ao estádio do espelho, no qual a relação com o outro reduz-se a seu gume mortal. Seu corpo não passava então de um agregado de colônias de "nervos" estrangeiros, depósito de fragmentos soltos das identidades de seus perseguidores.

A relação de tudo isso com a homossexualidade manifesta no delírio exige um esclarecimento através das determinações simbólicas demonstradas na forma como a estrutura imaginária vem a se restabelecer: através da prática transexualista, reservada a seus momentos de solidão, de satisfazer-se com sua imagem no espelho ornamentada por bugigangas femininas na parte superior de seu corpo. Desenvolvendo, assim, os chamados nervos da volúpia feminina destinados a satisfazer a volúpia divina, a feminilização do sujeito é coordenada à copulação divina. Quando Schreber houver terminado sua transformação em mulher, ocorrerá o ato de fecundação divina destinado a criar uma nova humanidade espiritual.

Assim, Lacan coloca sob o signo da criatura o ponto de onde a linha escapa em suas duas ramificações, a do gozo narcísico e a da identificação ideal. Sua imagem é a isca da captura imaginária em que tanto uma como a outra se enraízam, a partir do furo em que o "assassinato de almas" instalou a morte. Toda a espessura da criatura real interpõe-se para o sujeito entre o gozo narcísico de sua imagem e a alienação da fala em que o Ideal do eu assumiu o lugar do Outro.

Podemos situar aí o empuxo-à-mulher, decorrente da foraclusão do Nome do Pai e da consequente foraclusão do falo? Se a ausência da metáfora paterna tem como correlatos a impossibilidade de identificar-se como homem ou mulher e a perda do sentimento da vida, podemos dizer que, em Schreber, a impossibilidade de ser o falo que falta à mãe o leva a ser a mulher que falta aos homens: $P_0 \rightarrow \Phi_0 \rightarrow$ E.M.

Devemos considerar que o empuxo-à-mulher é tanto o gozo devastador que irrompe em decorrência da ausência de significação fálica quanto a identificação ideal, assintótica, com A mulher de Deus? Se Lacan, em 1966, define a paranoia como a identificação do gozo no lugar do Outro (2003b, p. 221), temos aí um bom argumento para distinguir o empuxo-à-mulher do gozo feminino. Já no Seminário 10, podemos diferenciar o sentimento de *Unheimlich* em um caso de psicose – o Horla, em que Maupassant se desdobra no seu duplo especular – do sentimento de estranheza que uma mulher, paciente de Lacan, experimenta: uma tumescência vaginal diante da presença de um objeto qualquer. Enquanto na psicose o gozo é localizado no lugar do outro, na mulher o gozo é subjetivado. Mas esse argumento não é suficiente para distinguir o empuxo-à-mulher da erotomania e mesmo da metáfora delirante.

Voltando à citação de Lacan (2003a, p. 466) no "Aturdito", vemos que ele precisa "que é pela irrupção de *Um-pai* como sem razão que se precipita, aqui, o efeito sentido como de forçamento para o campo do Outro a ser pensado como o mais estranho a qualquer sentido". Se, na "Questão preliminar...", Lacan dá ênfase à transformação em mulher que vem no lugar do falo com o qual o sujeito não pode se identificar, aqui, a articulação se dá com a foraclusão do Nome do Pai atestada pelo encontro com *Um-pai*. Seja como for, a significação fálica, aqui ausente, está presente quando falamos do feminino, embora não todo fálico. É o que veremos a seguir, para finalizar.

Antes, porém, gostaria de entender por que Lacan evoca, no "Aturdito", o poeta Hölderlin para dizer que tentou aplicar a ele essa lógica, sem sucesso.

Lembro-me de ver um trabalho de François Regnault que situava Hölderlin no esquema I colocando o poeta Schiller no lugar do Ideal. De qualquer maneira, Hölderlin foi um poeta alemão cuja psicose desencadeou-se em torno dos 30 anos de idade e que viveu recluso no castelo de um nobre escrevendo as mais belas poesias, até os 70 anos de idade. Ele tinha suas estereotipias e maneirismos esquizofrênicos e convivia pouco com os outros, mas mantinha preservada a estrutura da linguagem e podemos, então, supor que a função da escrita era, para ele, fundamental. Assim, seu desencadeamento e estabilização não parecem passar pelo empuxo-à-mulher, tampouco pela erotomania ou pela metáfora delirante, mas pela função da letra. Podemos supor que tampouco Joyce, paradigma lacaniano dos anos 70, evoca a figura do empuxo-à-mulher, o que não significa que ela não possa estar presente nas psicoses ordinárias ou não desencadeadas.

O feminino, entre centro e ausência

Podemos distinguir, então, o empuxo-à-mulher do feminino na medida em que, quando nos referimos ao lado feminino das fórmulas da sexuação, dizemos que ele é não-todo... fálico. O gozo feminino é um gozo não-todo fálico, mas ele não é sem referência ao falo.

Lacan (2003c, p. 21) usa a expressão "entre centro e ausência" para falar do feminino em "Lituraterra", em uma referência implícita ao poema de Henri Michaux, que tem esse título. Entre centro e ausência, indica um espaço singular e uma localização paradoxal. Também no Seminário 19, Lacan (2012, p. 117-118) evoca essa figura do Outro encarnando a alteridade entre centro e ausência.

O feminino, que Bassols (2017, p. 193), em seu livro, aproxima da Coisa, a "interioridade mais oculta", se põe a descoberto como "a exterioridade mais radical", que rechaçamos por ser demasiado estranha. Daí sua aproximação com o infamiliar no título do Encontro Brasileiro. Trata-se de um espaço tão interior que se torna absolutamente exterior e desconhecido para o próprio sujeito. A ele convém o neologismo, criado por Lacan, extimidade, uma intimidade tão íntima que, de tão estranha, se torna exterior.

No Seminário 19, Lacan (2012, p. 117-118) diz:

> Não-toda, ela não está contida na função fálica, mas nem por isso é sua negação. Sua forma de presença está entre o centro e a ausência. Centro – essa é a função fálica de que ela participa singularmente, posto que o ao menos um que é seu parceiro no amor renuncia a tal função por ela, esse ao menos um que ela só encontra no estado de ser apenas pura existência. Ausência – é o que lhe permite dei-

xar aquilo por cujo meio ela não participa disso, na ausência que não é menos gozo por ser ausência de gozo, gozausência (*jouissabsence*).

No "Aturdito", logo depois de evocar o empuxo-à-mulher em Schreber, Lacan (2003a, p. 467) diz que

> [...] o gozo que se tem da mulher a divide, fazendo-a parceira de sua solidão, enquanto a união permanece na soleira. Em que se confessaria o homem servir melhor à mulher de quem quer gozar senão para tornar seu esse gozo que não a faz toda dele: para nela o re-suscitar? ... Dizer que uma mulher não é toda, é o que nos indica o mito por ela ser a única a ser ultrapassada por seu gozo, o gozo que se produz pelo coito.

Para Bassols (2017), mais além do falocentrismo, o feminino constitui um universo no qual os corpos giram em uma trajetória que poderíamos chamar de elíptica, com dois focos: o falo como centro e o gozo do Outro como ponto cego. É um espaço mais aquém ou mais além do falo. O problema real é que a mulher, no terreno do feminino, é Outra para si mesma como o é para o homem, que serve de conector, como diz Lacan (1998b, p. 741), para que ela se torne esse Outro.

Finalmente, quando Jacques-Alain Miller diz que o gozo feminino é o gozo como tal, encontramos o feminino como a alteridade radical do Um sozinho, S_1 só.

Miller situa o discurso do analista precisamente nessa lógica, do lado feminino, como o lado do Um só, um Um que não é o fálico, em torno do qual se constrói o sinthoma no final da análise.

Referências

BASSOLS, M. O feminino, entre centro e ausência. *Opção Lacaniana On-line*, n. 23, jul. 2017.

FREUD, S. Observações psicanalíticas sobre um caso de paranoia (Dementia paranoides) relatado em autobiografia ("O caso Schreber"). In: *Obras Completas*. São Paulo: Companhia das Letras, Vol. 10, 2010.

GAMA, V. C.; BASTOS, A. A feminização na psicose: empuxo-à-mulher e erotomania. *Psicologia Clínica*, n. 22, 2010.

KAUFMANNER, H. *Lacan e a solução elegante na psicose*. Belo Horizonte: Relicário Edições, 2023.

LACAN, J. De uma questão preliminar a todo tratamento possível da psicose. In: *Escritos*. Rio de Janeiro: Jorge Zahar Ed., 1998a. (Trabalho original publicado em 1957-58).

LACAN, J. Diretrizes para um congresso sobre a sexualidade feminina. In: *Escritos*. Rio de Janeiro: Jorge Zahar Ed., 1998b. (Trabalho original publicado em 1958).

LACAN, J. O aturdito. In: *Outros Escritos*. Rio de Janeiro: Jorge Zahar Ed., 2003a. (Trabalho original publicado em 1973).

LACAN, J. Apresentação das memórias de um doente dos

nervos. In: *Outros Escritos*. Rio de Janeiro: Jorge Zahar Ed., 2003b. (Trabalho original publicado em 1966).

LACAN, J. Lituraterra. In: *Outros Escritos*. Rio de Janeiro: Jorge Zahar Ed., 2003c. (Trabalho original publicado em 1971).

LACAN, J. *O Seminário, livro 19*: ... ou pior. Rio de Janeiro: Jorge Zahar Ed., 2012. (Trabalho original proferido em 1971-72).

MALEVAL, J.-C. *La forclusion du Nom du Père*. Paris: Seuil, 2000.

SCHREBER, D. P. *Memórias de um doente dos nervos*. Rio de Janeiro: Paz e Terra, 2006.

O INFAMILIAR, O INDIZÍVEL E O FEMININO NAS PSICOSES[1]

Fernando Casula

O título proposto para este seminário teórico que inaugura as atividades do Núcleo de Pesquisa em Psicanálise e Psicose no segundo semestre de 2020 visa a esclarecer a emergência do infamiliar – conforme a tradução da Editora Autêntica para "*Das Unheimliche*", artigo freudiano de 1919 – e suas possíveis aproximações em conjunção e disjunção com o feminino e, por fim, correlacioná-los às maneiras específicas de aparecimento nas estruturas psicóticas.

Antes de mergulharmos nesse período de infamiliar generalizado decorrente da pandemia de Covid-19, no qual nos recolhemos à intimidade de nossos lares e mantivemos contato com o mundo somente através das janelas virtuais, tivemos o único encontro presencial no qual discutimos "O estranho, o infamiliar" – uma apresentação do "*Das Unheimliche*", de Freud. Foi

1 Texto apresentado por ocasião da abertura das atividades do Núcleo de Pesquisa em Psicanálise e Psicose, IPSM-MG, no 2º semestre de 2020.

sexta-feira 13 do mês de março passado. Nesse encontro relemos que o infamiliar, para Freud, é a própria sensação de estranheza que sentimos diante de algo absolutamente próprio, o mais íntimo. Não se trata de um afeto despertado por algo externo, nunca visto.

Vimos que o texto de Freud é dividido em três partes. A primeira remete ao problema linguístico e antropológico relacionado ao termo. A segunda envolve a análise do conto "O homem da areia", de E.T.A. Hoffmann, que se dá pelo prisma da psicose, e a terceira enfoca o papel da realidade e as operações de retorno do recalcado. Embora Freud equivalha o infamiliar à angústia provocada pelo retorno do recalcado, ao mesmo tempo, o texto oferece pistas que apontam para uma angústia primordial que emerge como causa do recalcamento. Seguindo essas pistas deixadas por Freud, Lacan pôde estabelecer sua teoria sobre o objeto *a* no *Seminário 10: a angústia*.

Então, segundo Lacan (2005), a angústia diz respeito à presença do objeto na sua vertente Real. No *Seminário 10*, Lacan delimita o objeto olhar a partir das considerações sobre o duplo, descrito por Freud em "O infamiliar" a partir da leitura do conto de Hoffmann "O homem da areia". Daí, foi possível dizer que o infamiliar é uma forma transestrutural de emergência, no campo da realidade, de um objeto libidinalmente investido e desvinculado da cadeia significante. Essa releitura de Lacan nos permite inquirir os modos como se manifestam o infamiliar na especificidade das neuroses e das psicoses. Em ambos os casos, portanto, podemos qualificar o infamiliar como um objeto intraduzível ou fora do simbólico. Na neurose nos deparamos com o infamiliar inesperadamente, como uma forma de retorno no real do objeto fantasmático e com um posterior esvaziamento do gozo proporcionado pelo enquadre da fantasia (\$ <> a). Já na psicose, por não ter havido a extração do objeto *a* do campo do Outro na constituição da estrutura, esses sujeitos, ao se depararem com a presença do objeto, estão impossibilitados de contar com o enquadre da fantasia para esvaziamento do gozo. Nesses casos, de psicose, a angústia se mostra de forma direta, no real, tal como acontece nas alucinações, sob a égide da certeza. Frederico Feu (2020), no texto "Do objeto a externalidade interna na psicose", postado no site do Instituto e fruto do seminário suspenso pela pandemia, nos diz que, na falta do enquadre proporcionado pela fantasia, o objeto, para o sujeito psicótico, se apresenta como um signo de gozo que inunda o campo perceptivo interferindo no enquadramento da realidade. Por isso é que Frederico Feu de Carvalho (2020) irá designar o mundo na psicose como "mundo infamiliar, na medida em que aquilo que foi uma vez expulso do Eu não encontrou seu retorno pela via do inconsciente e permaneceu inassimilável", ou intraduzível. A orientação do tratamento das psicoses, segundo ele nos indica, vai ao encontro daquilo que as soluções psicóticas evidenciam, ou seja, que esse objeto possa ser por vezes encapsulado ou, conforme a analogia lacaniana, posto no bolso. Assim, mesmo que seja inseparável do sujeito, outras soluções podem se apresentar para além da passagem ao ato, momento em que esse objeto encarnado no corpo é arrancado por um violento golpe. Dessa forma, esse objeto pode ser contornado pelo imaginário ou bordeado através da construção de uma metáfora delirante.

Por não contarem com o recurso da fantasia para familiarizá-lo, nos psicóticos, o infamiliar emerge de forma direta sob a égide da certeza. Será que essa mesma lógica nos serve para abordar o feminino nas psicoses?

Cabe esclarecer de antemão o alcance do termo feminino para a psicanálise de orientação lacaniana. Trata-se da elaboração construída nos anos 70, no *Seminário 20: mais, ainda*. Neste, Lacan parte da afirmativa de que não há relação sexual entre os seres falantes e reparte os seres sexuados em apenas duas categorias – lado homem (fálico) e lado mulher (não todo fálico) – levando em consideração o modo de gozo (um a um). Cabe destacar ainda que esse modo de partilha se referencia ao falo enquanto função para além de seu uso quanto semblante. Assim, se diferencia das elaborações freudianas – ter ou não ter o falo – e joga um pouco de luz e sombras no que Freud denominou "continente negro", de sorte que não se trata da classificação expressa pelo termo binarismo no uso corrente da língua. Ou seja, os termos não dizem respeito nem à identidade de gênero nem à anatomia dos corpos. Assim, os mais de 75 nomes que designam a identidade de gênero de um sujeito na ficha de identificação do Facebook se distribuem de um lado ou de outro no quadro lacaniano, conforme a lógica de partilha que leva em consideração o modo de gozo singular. Seguindo essa lógica, os nomes que designam as identidades no Facebook não seriam apenas quase 80, mas sete bilhões, número de cada habitante da Terra, pois cada um se identificaria com seu próprio nome, o de gozo! Arriscaria dizer que grande parte ou quase a totalidade das setenta e tantas identidades de gênero descritas provavelmente estariam distribuídas no lado homem, pois o gozo dito fálico – aquele que, diferente do não todo fálico –, acolhido pelo Outro da linguagem, que pode ser dizível e contabilizado através de séries, comporta em seu bojo um sentido. Então, homem trans, mulher cis, mulher trans lésbica, assexuado, etc., etc., etc., são nomes passíveis de compreensão, portanto, relacionados ao fálico. Em contraposição a esse tipo de gozo universalizável e relacionado diretamente ao Outro, Lacan postula um outro gozo, para além ou aquém do falo – fora da linguagem, porém não todo –, e o nomeia gozo do Um. Esse Um sozinho não faz laço com o Outro pelo enquadre da fantasia ($ <> a), ou seja, não visa o objeto encarnado no corpo do Outro. É marcado por um S1 que não faz par com um S2, não se deixa capturar pela cadeia significante. Lacan equipara o gozo feminino ao gozo místico e identifica sua presença em São João da Cruz, um santo masculino.

Para encerrar a breve introdução sobre o feminino, relembro que não é através da relação com o objeto que o falasser feminino busca o campo do Outro, e sim pelo significante do Outro barrado S(Ⱥ). Esse que nomeia o gozo do Um, pela via do sem sentido. Lacan apontará uma forma de o feminino se conectar ao Outro: através do signo de amor. Esse signo que conecta diretamente o gozo do Um e o Outro é alcançado pelo sujeito como amor que vem do outro e lhe é dirigido. Assim, em contraposição ao modo fetichista de amor masculino, que visa o objeto encarnado no corpo do outro, pela via da fantasia, encontramos o modo erotômano de amor feminino, nomeado por Miller (2016, p. 290) amor louco, sem limites. Chegamos aqui nos confins onde o amor erotômano feminino esbarra na erotomania, uma psicose feminina por excelência. Abordaremos esse tema mais adiante.

Podemos, assim, constatar que o desenvolvimento do tema proposto é uma tarefa árdua, pois os conceitos de infamiliar e de feminino obedecem a referências distintas. Enquanto o primeiro diz de um "sentimento de estranheza como algo pertencente e derivado do mais íntimo do próprio sujeito" (Freud, 2019, p. 33) ou a própria faceta real do objeto, conforme Lacan, o segundo é um modo que se apresenta o gozo na partilha sexual, na sexuação dos seres falantes. Como vimos na introdução acima, o ponto de conjunção desses dois conceitos abarca o sentido dado pelo significante posicionado entre eles no título deste texto, "O indizível". Assim, compreendemos por indizível aquilo que não pode ser dito (pelo menos não integralmente), por não se fazer inscrever ao passar de um registro a outro. O termo intraduzível, destacado por Rômulo Ferreira na preparatória do próximo Encontro Brasileiro, postada no canal da EBP,[2] descreve essa operação com precisão. Para além de um termo que resiste à tradução de uma língua a outra, o acento se coloca naquilo que do Real não é apreendido pela linguagem ou o que do Real não é passível de traduzir-se no Simbólico. Em termos lacanianos, "o que não cessa de não se escrever". Daí se deduz que tanto o infamiliar quanto o feminino se aproximam, pois ambos provêm diretamente do Real. Remeto à apresentação de Rômulo Ferreira na *live* citada acima. Nela podemos ouvir o colega falar de modo claro sobre a constituição primordial do Real a partir do movimento de expulsão para fora do sujeito, permanecendo ex-sistente ao simbólico, para todo ser falante.

Tanto as diversas formas de emergência do infamiliar quanto a apresentação do feminino são resso-

2 Canal da EBP no YouTube. Preparatória do Encontro Brasileiro de Psicanálise do Campo Freudiano, 17 de junho de 2020. Disponível em: https://youtu.be/Cw-arVu3TZU.

nâncias desse real ex-sistente, podendo ou não serem conjugados entre si. Se o infamiliar diz mais respeito à emergência do objeto (voz, olhar, etc.) fora do enquadre da fantasia, no feminino, o que passa por além do enquadre fantasmático é algo de um S1, sem sentido, que encontra sua ressonância no corpo. Podemos constatá-lo nos fenômenos de acontecimento de corpo e nos Sinthomas (com th) testemunhados pelos Analistas da Escola (AE) no final de análise. Também podem surgir nas manifestações em que o gozo feminino – alteridade radical do Um sozinho, S^1 –, que provém do real sem sentido, se endereça ao Outro via signo de amor. Na clínica aparecem como arrebatamentos amorosos ou na forma invertida, as devastações. Amor sem limites, designado por Miller como amor louco. O termo erotomania traduz bem esse ponto.

Em seguida trarei um fragmento cinematográfico para pensarmos a maneira de manifestação do infamiliar e do feminino nas psicoses.

Fomos apresentados ao "mundo infamiliar" encenado no filme *O inquilino*, de Roman Polanski, comentado por Cristiana Ferreira de forma remota em 05/06. Considerando Trelkovisky, o personagem protagonista do filme, um psicótico, Cristiana apontou os recursos utilizados por ele para dar conta de um real invasivo e ameaçador no sentido da construção de uma familiaridade possível. Um deles foi a construção de um corpo por Trelkovisky através do duplo com a ex-inquilina,

Simone Choule, que cometera suicídio no apartamento alugado por ele. As cenas se encadeiam de forma que mostram os vizinhos e demais personagens perseguindo o protagonista através de signos que o invadem ou o provocam a assumir os hábitos da vida da ex-moradora e culminam com a transformação corporal e feminização até a repetição do suicídio, tal como ela o fez. Cabe destacar, dentre os apontamentos feitos por Cristiana, que, contra o Real, o último recurso utilizado pelo sujeito foi o empuxo-à-mulher. Lembremos que essa solução foi uma resposta de Trelkovisky frente à emergência de fenômenos de ameaça de morte e invasão do Outro que lhe enviava signos cujo sentido era interpretado por ele como imposição para que se transformasse na ex-inquilina. Por onde quer que fosse, tinha a certeza de que estava sendo observado e vigiado. Seu corpo começara a despedaçar, a boca sangrava e caíam os dentes. O dente que, ao mesmo tempo, era seu e da ex-inquilina, estava enfiado num furo na parede... Mundo infamiliar, desrealizado, repleto de ressonância da presença do objeto real solto sem a amarração pelo enquadre da fantasia. A feminização – transformação na ex-inquilina no nível corporal e do ser – foi a defesa encontrada por ele diante desse real ameaçador. Há uma cena exemplar na qual aparece o protagonista dentro do quarto totalmente invadido por olhares e vozes alucinadas se transvestindo com peruca loira e usando ornamentos femininos que pertenciam à ex-inquilina. Importante notar que A mulher na qual se transforma não é correlata às posições masculina ou feminina da sexuação. Ou seja, a função fálica não lhe serviu de referência para posicioná-lo quanto a ser homem ou mulher. Parafraseando Cristiana, do corpo feminino, ele é apenas O inquilino. Em suma, em termos lacanianos, temos aí o paradigma universal da estrutura psicótica: um sujeito em que, por causa da foraclusão localizada do significante Nome-do-pai, não houve a extração do objeto *a* do campo do Outro nem a possibilidade de se referendar à função fálica. Como efeito, temos o empuxo-à-mulher. Há uma outra cena que gostaria de colocar: trata-se da cena da transa que não houve entre Trelkovisky e Stella quando ele foi convidado para dormir na sua casa. Nessa, enquanto há um prenúncio erótico colocado, ele não se dá conta disso e fica repetindo incessantemente um conto que lera, no qual um homem, num acidente, foi separado do próprio braço e exigiu que este fosse enterrado... Evidencia um sujeito não referenciado à função fálica ($\Phi 0$); diante do desejo de uma mulher, não há nem a fetichização do corpo feminino, acompanhado ou não pela angústia, nem algo que aponte para o amor.

A tendência à feminização nas psicoses e o fenômeno nomeado por Lacan (2001) como "empuxo-à-mulher", que lhe é correlato, constituem um problema teórico-clínico na direção do tratamento psicanalítico. Essa experiência do empuxo não deve ser entendida como inscrição subjetiva no lado mulher da partilha sexual, mas como a certeza delirante de transformar-se em mulher ou de estar à mercê de um Outro que goza do sujeito como de um corpo de mulher. A expressão empuxo-à-mulher contempla não apenas o fenômeno da feminização, mas também o que decorre da pressão inerente à estrutura psicótica devido a impasses que o sujeito sofre no processo de sexuação (não funcionamento da função fálica). Na manifestação do empuxo-à-mulher, o sujeito psicótico posiciona-se como objeto de gozo do Outro, um gozo invasivo e ilimitado. Se, do lado mulher, o gozo excede ao sentido e coloca em jogo algo que não é apreendido pela cadeia significante, na psicose, o gozo desmedido característico ao empuxo-à-mulher é estranho ao sentido, pois o campo do Outro configura-se como puro campo de gozo. Portanto, a diferença entre o psicótico e a mulher é que o gozo desta, embora não totalmente, está amparado na lógica fálica; posição em relação à qual o psicótico passa ao largo.

Importante marcar também que a posição de objeto remete tanto ao empuxo como à erotomania. Se o empuxo responde à condição estrutural, a erotomania emerge solidária à condição objetal do sujeito sem, no entanto, fazer-se necessariamente acompanhar de feminização no plano dos fenômenos. Sua característica fundamental reside no fato de que a iniciativa parte sempre do Outro, nunca do sujeito, que se descobre apassivado no amor do qual é objeto. Daí Lacan vai situar, no *Seminário 3*, o amor nas psicoses como um amor morto.

Lacan (2004, p. 36) retoma a erotomania a partir das formulações feitas em 1920 por G. G. de Clérambault, que a fundamentava a partir de um postulado. Segundo esse mecanicista, a verdadeira erotomania se constrói em torno do tema único do amor, a rigor, sempre sobre a seguinte proposição: "ele me ama, eu estou certo disso, não sou eu quem o ama, é ele quem me ama". Essa construção tem por característica não se apoiar num erotismo dos corpos, e sim no sentimento de orgulho. Interessa marcar também que, para Clérambault, na erotomania tudo se torna palavra do ser amado e tudo faz signo da palavra do ser amado.

A fórmula do postulado é tomada por Lacan a partir da análise estrutural e sempre esteve no foco das elaborações lacanianas sobre as psicoses, desde o caso Aimée ao caso do presidente Schreber. Neste último, Lacan destaca a construção delirante que se dá em torno de uma erotomania divina, na qual ele é amado por Deus; porém, vê-se aí uma erotomania mortificante, na qual se lê: Deus goza de mim. A fórmula da erotomania comporta a ambiguidade entre amor e gozo. Em um momento mais tardio de sua obra, a partir do *Seminário 20: mais, ainda*, o amor como algo que instaura uma relação de sujeito com sujeito será reeditada não como um gozo invasivo e mortífero, mas pela vertente do signo de amor percebido pelo ser amado. Dessa maneira, irá compor as elaborações sobre o feminino. Ao enfatizar a dissimetria entre as posições masculina e feminina, Lacan colocará o modo fetichista do amor masculino em contraposição à certeza do amor em primeiro plano, estilo erotomaníaco do amor feminino.

Finalmente, gostaria de colocar uma questão de orientação para a investigação: se há algo que aproxima o feminino do empuxo-à-mulher nas psicoses, é justamente a elaboração lacaniana que aponta para a vertente do signo de amor. A meu ver, o uso do termo homônimo – erotomania – para designar tanto a posição do sujeito psicótico diante do Outro quanto o estilo feminino de amar abre um campo importante de investigação. Para além das manifestações loucas, no nível dos fenômenos, encontradas nas mais variadas formas de devastações amorosas, me parece que o interesse de Lacan é destacar que há um real não significantizável no modo de amor erotômano que embaça ou tampona o furo constitutivo concernente à não relação entre os sexos. O que é da ordem da certeza na erotomania psicótica, no feminino aparece através na crença no signo (uma ponta de real), que tem mais força do que um significante. Esse signo de amor do outro é quase uma certeza de que o Outro me ama; tampona, dessa forma, o equívoco constitutivo e tende a fazer a relação sexual existir. Aí o amor mostra sua faceta mortífera.

Referências

CLÉRAMBAULT, G. G. *Automatismo mental*: paranoia. Buenos Aires: Polemos, 2004.

CARVALHO, F. F. de. *Texto para o Seminário Teórico "Do objeto à externalidade interna nas psicoses"*. 2020. Disponível em: <http://www.institutopsicanalise-mg.com.br/index.php/externalidade>.

FREUD, S. O Infamiliar [Das Unheimliche]. In: *Obras Incompletas de Sigmund Freud*. Belo Horizonte: Autêntica, Vol. 8, 2019. (Trabalho original publicado em 1919).

LACAN, J. *O Seminário, livro 3*: As psicoses. Rio de Janeiro: Jorge Zahar Ed., 1985. (Trabalho original proferido em 1955-56).

LACAN, J. *O Seminário, livro 20*: Mais, ainda. Rio de Janeiro: Jorge Zahar Ed., 1985. (Trabalho original proferido em 1972-73).

LACAN, J. De uma questão preliminar a todo tratamento possível da psicose. In: *Escritos*. Rio de Janeiro: Jorge Zahar Ed., 1998. (Trabalho original publicado em 1957-58).

LACAN, J. O aturdito. In: *Outros Escritos*. Rio de Janeiro: Jorge Zahar Ed., 2001. (Trabalho original publicado em 1973).

LACAN, J. *O Seminário, livro 10*: A angústia. Rio de Janeiro: Jorge Zahar Ed., 2005. (Trabalho original proferido em 1962-63).

MILLER, J.-A. El partenaire-síntoma. In: *Los cursos psicoanalíticos de Jacques-Alain Miller*. Buenos Aires: Paidós, 2016.

O INQUILINO. Dir. Roman Polanski. França/EUA: Marianne Productions, 1976.

O GOZO FEMININO E A CRIANÇA

INCIDÊNCIAS DO FEMININO NA CLÍNICA COM CRIANÇAS[1]

Andrea Eulálio de Paula Ferreira

No segundo semestre de 2020, nosso trabalho de pesquisa e investigação no Núcleo de Pesquisa e Psicanálise com crianças, proposto pelo do XXIII Encontro Brasileiro do Campo Freudiano, "O feminino infamiliar: dizer o indizível", privilegiou as incidências do feminino na clínica com crianças. Como podemos distinguir a infância do infantil? Qual é a relação entre o infantil e o feminino? Como localizar, na clínica com crianças, o gozo estrangeiro, feminino, não centrado no gozo fálico? E como podemos nos tornar parceiros para que o sujeito encontre sua solução singular para esse gozo?

1 Texto apresentado no Núcleo de Pesquisa e Investigação em Psicanálise com Crianças em 19 de agosto de 2020.

O infantil e a estrutura

Os diversos modos pelos quais a satisfação sexual pode ser produzida na infância levaram Freud a se referir à criança como um "perverso polimorfo", cujas pulsões são sempre ativas, sempre parciais, sempre vigentes e nunca se desenvolvem até metas superiores. Freud opõe a ordem à desordem, a unificação à dispersão, o total ao parcial. A criança freudiana, o perverso polimorfo, é a figura que separa, nitidamente, a vida pulsional de toda ideia de evolução e que se situa na junção entre as palavras e o corpo constituindo o nó dos sintomas.

Como ler, à luz dos últimos ensinamentos de Lacan, o gozo polimorfo e descentrado do gozo fálico? Como ler o que não se refere a uma tendência sexual totalizante, mas a uma dispersão de gozos no plural?

"Os seis paradigmas do gozo", de Jacques-Alain

Miller (2012), é um instrumento fundamental, segundo Éric Laurent (2020), para abordar as maneiras de ler e de localizar, na infância, a pluralidade de gozo – gozo na imagem, no significante, na transgressão, nos orifícios do corpo, nos discursos, entre outros – e a infância enquanto lembrança de um gozo que jamais é unificado.

Para Laurent (2020), é preciso pensar a infância sob esses dois aspectos: a infância como algo que atravessa o sujeito e, por outra parte, como algo que nunca se atravessa, que nunca se supera. É preciso considerar que o sujeito do inconsciente é atemporal e determinado por uma exigência de satisfação pulsional imperativa e estruturante.

Cada criança, desde muito cedo, experimenta o desencontro na relação com o Outro, que lhe transmite desejos, demandas, imperativos, mais ou menos impossíveis de cumprir, mas que aparecem sempre como um enigma a ser decifrado. Em relação a esse enigma, a essas palavras traumáticas, que não são subjetivadas e que permanecem como parasita, o inconsciente surge como recurso que possibilita à criança produzir um sintoma a ser decifrado.

Na abertura das "II Jornadas Nacionales Centro Pequeño Hans" (1992), Jacques-Alain Miller recuperará a novidade introduzida por Lacan no campo da linguagem e tecerá contraposições entre desenvolvimento e estrutura. Nessa perspectiva, o infantil não corresponde a um tempo cronológico ou evolutivo, e, sim, a um tempo lógico e diz respeito ao modo específico como se estrutura a sexualidade do ser falante.

O fato de que há elementos estruturais presentes na vinda da criança ao mundo não impede que o encontro do sujeito com esses elementos – do significante com o gozo – tenha uma variável, uma contingência ou uma indeterminação, que terá consequências na existência de cada um, a partir da dimensão *a posteriori* desses encontros, ou seja, a partir de como cada criança se apropriará disso. O encontro com o analista faz parte dessas contingências que tornam o inconsciente operatório em seu efeito de separação dessas marcas, dando lugar ao sujeito e abrindo novas possibilidades de ele (sujeito) ex-sistir e ser diferente de si mesmo (Barros, 2018, p. 26). Segundo Laurent (2020), é tarefa do analista ler as marcas imaginárias, simbólicas ou reais que se depositaram no corpo da criança. Tanto as marcas de gozo no *parlêtre*, o buraco no real, como as marcas significantes no sujeito, o buraco no simbólico, são passíveis de serem escritas como S(Ⱥ). Temos aí as duas vertentes do impossível – o impossível de suportar do gozo pulsional e o impossível de dizer – que se apresentam como o "insuportável da infância" (Laurent, 2020).

A incorporação da estrutura

Para Jacques-Alain Miller, é preciso trabalhar a especificidade da criança em psicanálise considerando-se, assim, que o tempo da infância se dá pela passagem da criança da posição de objeto para a posição de sujeito barrado e pela, então, relação desse sujeito com os objetos da pulsão – a qual inclui o fator temporal da libido –, seu deslocamento pelos objetos e seu trabalho de desligar-se dos objetos primários.

Esses objetos estão ligados aos orifícios do corpo, à passagem do interior ao exterior do corpo. Isso diz respeito ao modo singular como cada criança liga, amarra, organiza sua relação com o corpo, com as palavras e o sexo, a partir de sua relação com o objeto *a*, condensador de gozo que, por um lado, produz o encaixe entre essas cavidades que têm bordas e, por outro, se enlaça à dialética da demanda e do desejo inscrevendo-os no Outro. A consequência disso é que, ligada aos orifícios do próprio corpo, a sexualidade é essencialmente autoerótica, mesmo se esses objetos são colocados no Outro.

No que diz respeito à posição da criança como objeto no desejo do Outro, sobra um resto inassimilável, que se relaciona com o que há de pulsional na mulher e que não é todo drenado pela mediação fálica, especialmente em relação aos seus filhos. Esse enunciado de Lacan (1986), elaborado em "Diretrizes para um Congresso sobre a sexualidade feminina", de 1958, antecipa o que, posteriormente, dirá sobre a mulher não ser toda fálica.

Se Freud utiliza os mitos para falar de um impossível do real que se presentifica na relação sexual, Lacan (2012, p. 44), por sua vez, articula o real da estrutura do inconsciente à lógica do não-todas. Em 1972, ele afirma que "o não-todas é precisamente o que merece ser interrogado como estrutura".

O infantil e o Outro sexo

O que Éric Laurent quer dizer quando afirma que, ainda que a infância passe, trata-se de algo que nunca se supera?

Se o Édipo é um dos artefatos possíveis para abordar o gozo do *parlêtre*, que se torna insuportável por sua deslocalização, por seu descentramento, foi por meio do gozo feminino, não-todo referido à função fálica, que Lacan percebeu a natureza do regime desse gozo como tal. É pela via do não-todo que é possível pensar a contingência do encontro da mulher que fala com o *parlêtre* em uma língua que comporta rupturas e que remete à ausência de significante para nomear o gozo feminino e à opacidade de seu desejo. O infantil é, portanto, a resposta ao próprio furo no real, equivalente à inexistência do significante d'*A* mulher.

Restos da infância

Ao partirmos da afirmação de Lacan segundo a qual não há uma via de acesso direta ao Outro sexo, $S(\not{A})$, diante da foraclusão generalizada de um significante que o nomeie, constatamos que é com essa opacidade que cada sujeito terá que se haver no que diz respeito a seu sintoma, suportando melhor o infantil, ou seja, o que nunca se supera da infância.

Em seu último ensino, Lacan subtrai o gozo feminino de toda a maquinaria do Édipo, deixando-o reduzido ao acontecimento do corpo, mudo, opaco ao sentido, fora do discurso. Os testemunhos dos AE são uma oportunidade para situar o arranjo que foi possível ao sujeito fazer diante do encontro com esse gozo feminino, para o qual o significante irremediavelmente falta.

Trago aqui um fragmento do caso Hans a partir da leitura de Freud e, posteriormente, da leitura inovadora de Lacan, a fim de pensar como se deu o encontro de Hans com sua primeira experiência de gozo e como ele enfrentou esse momento sem entender nada do que estava lhe acontecendo.

Em seguida, apresento um fragmento de um filme que localiza, em uma adolescente, o indizível da posição feminina articulado à contingência do encontro amoroso.

A primeira mordida

Com o caso do pequeno Hans, Freud nos ensina que há um encontro com um primeiro gozo, que é estrutural e que se faz precocemente. Diante da falta de sentido de suas primeiras ereções, ligadas ao seu "faz-pipi", que perturbam sua relação com seu próprio corpo, Hans responde a essa intrusão de gozo com a fobia. Para Lacan (1998, p. 10), os sintomas têm sentido quando relacionados à realidade sexual. Ele afirma que "o inconsciente inventado por Freud é uma descoberta associada ao encontro que certos seres têm com sua própria ereção" e que esse encontro não é absolutamente autoerótico. É o que há de mais hetero.

Em face desse "primeiro gozar" (Lacan, 1998), que traz consigo o caráter de exterioridade e estranheza do gozo, Hans só pensa em encarná-lo em um objeto o mais externo possível. Isto é, no cavalo que dá pinotes, que relincha, salta, cai no chão e que morde os genitais. Freud (1990, p. 40) esclarece que a mordida se refere a "um acontecimento real": "as sensações de comichão na glande, que levam as crianças a tocar seus órgãos genitais são habitualmente descritas na frase em '*Es beisstmich*' de Hans ('estou sentindo coceira', literalmente, 'está me mordendo')". O encontro de Hans com o "*Es beisstmich*" não pôde ser absorvido, ao contrário, insiste numa relação de exclusão interna, e isso fica evidente pela invasão devastadora que Hans experimenta no sintoma fóbico, que condensa esse gozo que o assalta e que ele rejeita com todas as forças.

Para Dominique Corpelet (2020), essa primeira mordida tem o valor de um ataque, de um trauma, de uma marca, constituindo o primeiro momento em que um sujeito é chamado a tratar um impossível de assimilar. Em "O parceiro-sintoma", Jacques-Alain Miller (2011, p. 196) indica que não existe experiência de gozo que não esteja ligada ao primeiro tempo: "é assombroso ver no ser humano, como o gozo é condicionado, é sensível, submisso à primeira vez". Isso é o que ele chama de "função de primeira vez".

Após *O Seminário, livro 20: mais, ainda* e a "Conferência de Genebra", Lacan define o traumático pelo encontro com o S1 sozinho, não mais significado por um S2. O simbólico é secundário em relação a esse encontro insólito e contingente de lalíngua com o corpo. Na leitura que Lacan faz do caso do pequeno Hans, ele dirá que, diante da falta de sentido, S1, produzida pela ereção – que se apresenta como um gozo ilimitado –, o menino desenvolve uma fobia. Sendo assim, não é mais o Édipo o princípio do acontecimento fundamental, mas a língua, e isso produz o trauma (Pelliza, 2013).

Dito isso, o que se presta muito à clínica com crianças se deve à posição do analista, ou seja, daquele que interroga sobre as diferentes reações por meio das quais cada criança responde ao encontro contingente com o gozo do Outro, que a atinge – que lhe é desconhecido, que nutre a neurose infantil –, e sobre a ficção que cada sujeito cria para velar esse real que insiste (Recalde, 2018, p. 95).

Se, para o sujeito, o encontro com um primeiro gozo é estrutural, é bem diferente quando o primeiro encontro sexual é um abuso, e o inassimilável dessa estrutura se revela ao sujeito sem que ele possa tratar o intratável dessa primeira mordida.

Abuso sexual e consentimento: um dos nomes do mal-entendido

Inspirado em um caso real de pedofilia, *Una*, do diretor Benedict Andrews, é um filme desconcertante pelo choque de realidade que propõe ao contar a história de uma adolescente de treze anos, Una, que, durante três meses, manteve encontros sexuais com um homem na faixa dos quarenta anos. Ao ser descoberto, Ray é condenado por abuso sexual de menor de idade e Una, após a prisão de Ray, experimenta, com estranheza, o silêncio e o olhar incriminador dos adultos e de seus colegas. Obcecada pelo amor desse homem, ela vê-se aprisionada como objeto diante desse Outro que encarna, para ela, verdadeiramente, o gozo.

Se, em uma primeira leitura, o filme parece apresentar um questionamento sobre a perversão de Ray, numa visada mais complexa, o longa-metragem centra-se muito mais no limiar extremamente delicado entre uma zona difícil de discernir, dita "zona cinzenta do consentimento", e o "continente negro", conforme nomeação de Freud ao abordar o gozo feminino (Sudreau, 2019). Como desprender o fio do consentimento da inércia do gozo?

O filme prossegue numa tensão irredutível e a menina Una, agora mulher, entregará, compulsivamente, seu corpo aos homens em breves encontros sem amor, na busca incessante de subjetivar o mal-entendido e o impossível de dizer sobre o que lhe acontecera quando ainda era uma criança e se apaixonara por Ray. É quando a tela da fantasia que encobre a realidade se rompe e surge, no plano imaginário, a face obscena do gozo do Outro, que retorna nos pesadelos, nas escolhas de objetos amorosos e na errância da vida sexual.

Levará muito tempo para Una compreender que, aos treze anos, ela era qualquer coisa menos uma adulta e uma mulher. Após quinze anos de ausência, Una, obstinada, decide encontrar Ray na tentativa de recuperar o fio de si mesma – perdido quando é abandonada no quarto do hotel depois do ato sexual. À medida que os protagonistas revisitam o passado, atualiza-se o questionamento íntimo e implícito de Una, de quando ainda era menina e buscava em Ray o afeto, o amor e o reconhecimento. Por um lado, surge a dúvida que ela carrega: consenti ou não com a entrega de meu corpo? Por outro lado: o que eu era para ele? Trata-se de uma maneira de pedir a Ray que fale sobre ela e, assim, certificar-se de que ele ainda se lembra dela; de que ela era, para ele, a única.

Mas também como entender que Ray, sem proferir uma palavra, a abandona após o ato sexual e que eles não se encontrarão jamais? Una se vê envolta no silêncio que se espalha e se repete depois do último encontro no hotel e durante o julgamento de Ray, momento em que insiste em obter uma palavra dele, que não poderá ser proferida por quinze anos. Lacan (2003,

p. 467) diz que, ao experimentar o gozo feminino sobre o qual é impossível dizer, à mulher restam as palavras do homem amado, "[...] mesmo que se satisfaça a exigência do amor, o gozo que se tem da mulher a divide, fazendo-a parceira de sua solidão". É isso que o diretor Benedict Andrews metaforicamente coloca em cena. A adolescente Una espera Ray no quarto, depois do ato, por tanto tempo e tão sozinha, que sai no meio da noite, à deriva, desesperada.

Una é uma mulher ferida, exilada pelo silêncio do homem que a arrebatou, que roubou sua infância, que a fascinou e a devastou. Tal como Una diz a Ray – "eu perdi minha vida, só não perdi o meu nome" –, é o seu nome que lhe permitirá não apenas se desembaraçar dos mistérios do cenário em que foi aprisionada, mas também fundamentar o motivo pelo qual foi necessário a ela formular um *sim*.

De maneira corajosa e determinada, ao aproximar-se de Ray e exigir-lhe uma palavra, Una busca ancorar seu gozo, que permanece à deriva. Foi preciso que Ray dissesse a ela que, para ele, ela era Una, a única.

Referências

BARROS, M. do R. C. do R. Lo que el inconsciente enseña a un niño. *Notas de niños – Revista de Psicoanálisis*, ano 3, n. 3, p. 25-28, set. 2018.

CORPELET, D. La première fois, une disruption. In: *50es Journées de l'École de la Cause freudienne*, Paris: ECF, 2020.

FREUD, S. Análise de uma fobia em um menino de cinco anos. In: *Edição Standard das Obras Completas de Sigmund Freud*. Rio de Janeiro: Imago, Vol. X, 1990. p. 74-171. (Trabalho original publicado em 1909).

LACAN, J. Diretrizes para um congresso sobre a sexualidade feminina. In: *Escritos*. Rio de Janeiro: Jorge Zahar Ed., 1986. (Trabalho original publicado em 1958).

LACAN, J. Conferência em Genebra sobre o sintoma. *Opção Lacaniana*, n. 23, p. 6-16, dez. 1998. (Trabalho original publicado em 1975).

LACAN, J. O aturdito. In: *Outros Escritos*. Rio de Janeiro: Jorge Zahar Ed., 2003. (Trabalho original publicado em 1973).

LACAN, J. Da anedota à lógica. In: *O Seminário, livro 19*: ... ou pior. Rio de Janeiro: Jorge Zahar Ed., 2012. (Trabalho original proferido em 1971-72).

LAURENT, É. Lo insoportable de la infancia. In: *XI Jornadas de la NEL*, Bogotá, 2020. Disponível em: <https://psicoanalisislacaniano.com/2020/01/15/loinsoportableinfancia-elaurent-20200115/>.

MILLER, J.-A. El partenaire-síntoma. In: *Los cursos psicoanalíticos de Jacques-Alain Miller*. Buenos Aires: Paidós, 2011.

MILLER, J.-A. Os seis paradigmas do gozo. *Opção Lacaniana On-line*, ano 3, n. 7, mar. 2012. Disponível em: <http://opcaolacaniana.com.br/pdf/numero_7/Os_seis_paradigmas_do_gozo.pdf>.

PELLIZA, M. A criança tirânica. In: *VI ENAPOL – Encontro Americano de Psicanálise de Orientação Lacaniana*, Buenos Aires, 2013.

RECALDE, M. De traumas y neurosis. *Notas de niños – Revista de Psicoanálisis*, ano 3, n. 3, p. 93-95, set. 2018.

SUDREAU, V. “Le consentement: guerre des sexes ou nouveau nom du malentendu”. In: *49es Journées de l’École de la Cause freudienne*, Paris: ECF, 2019. Disponível em: <https://www.causefreudienne.org/archives-jecf/le-consentement-guerre-des-sexes-ou-nouveau-nom-du-malentendu/>.

O CORPO E A CENA DE *DOR E GLÓRIA*: ALMODÓVAR E O FILME DO FILME DE UMA VIDA[1]

Cristiane Barreto

Uma mescla de tintas se mistura na tela do olhar, um abstracionismo gestual espontâneo constrói uma dança das cores vivas que marcam o estilo do diretor, que curiosamente estarão menos presentes no filme considerado por Almodóvar o seu projeto mais pessoal. Ele não o classifica como autoficção, mas conta que partiu dele mesmo. As mesclas de tinta borram a tela e revelam gestos que não se cristalizam, mudam de quadro, e *El Deseo* apresenta: *Dor e glória*.

Em cicatriz que avança, de baixo para cima, pela coluna vertebral, o corte e o início da filmagem de um percurso pelas ruelas de gozo, cicatriz das palavras e cenas que marcaram um corpo de dor e glória. Corte, cicatriz e Antonio Banderas mergulhado em outro. Sem respirar, sem piscar, sem afogar: imóvel. Em pose de sacrifício e entrega. Submerso. Há manchas dos si-

1 Texto apresentado no Núcleo de Psicanálise com Crianças, no segundo semestre de 2020, quando investigávamos as incidências do feminino na clínica com crianças.

nais de velhice, mas ainda o frescor do corpo masculino desejável aparece todo ali. Imerso na lembrança do seu corpo de menino enganchado nas costas da mãe, que, entre amigas, lava roupas na beira de um rio.

Nessa cena inaugural das lembranças nas quais Salvador Mallo está imerso, uma das mulheres desejava ser um homem para entrar nua no rio, mas são as partes femininas que se deliciariam com a entrada da água. A superfície do rio serve como a primeira tela de cinema, do que a mãe mostra ao filho. Em diálogos entre risos frouxos, estendem lençóis brancos ao vento. Outra tela de cinema. Uma frase marca a dor, que será do homem, no menino que aparece enganchado na mãe, como um peso doloroso e amável: "Tire este menino das minhas costas".

As rugas dos olhos de Penélope Cruz são um espetáculo à parte. Lindas – cada linha –, iluminadas tal como os lençóis no varal campestre improvisado.

Assim, entramos no filme, que apresenta o mundo de um diretor em declínio, aos sessenta anos, com o seu martírio. Em crise que se alonga, ele não consegue produzir. Uma inibição da criatividade e da ação permanece indócil. Se não escrever nem filmar, o que vai fazer? "Viver, suponho", responde Salvador no tempo em que a ausência da glória e a prevalência da dor imperava numa vida vazia de amparos.

A tela em branco é apresentada com uma dificuldade ainda mais vigorosa que a "página em branco".

Ele escrevia, mantinha a escrita viva em fragmentos espalhados, mas já não mais filmava. Escreveu para esquecer o conteúdo que o habitava, mas, de fato, tentava escrever o que não cessava de não se inscrever, o que inexiste – a relação sexual –, aquilo que marca no falante os traços do seu exílio da relação sexual.

Ele sofre de dores que o invadem o corpo inteiro, o corpo da linguagem e também aquele que, por termos enamorado dele, pensamos nos pertencer, quando, na verdade, é o que mais nos escapa, como se refere Lacan no *Seminário 23*.

Quando menino, aos nove anos, ensina um jovem a ler e escrever. Esse jovem paga o seu aprendizado pintando a sua casa (uma caverna) de reboco branco e fazendo metade de uma parede com azulejos em pedaços variados, numa bricolagem inusitadamente linda, protegendo a vida da umidade que embolora.

Salvador consegue ensiná-lo a ler e escrever porque extrai do saber daquele que aprende o seu cerne, ele o diz: "Escrever é como desenhar com as letras". Frase impossível de não decorar. O aluno pintor também desenha retratos. Salvador pede para que ele desenhe seus olhos e se faz modelo vivo, com a pose escolhida por quem o retratara: segurando o livro com as duas mãos. É, de certa forma, filmado pelo olhar do Outro. Guy Briole (2011, p. 397) pincela sobre a incidência do olhar de uma forma que me interessou: "o olhar é aquilo que não se apaga, o sujeito não pode se separar da fascinação do olhar que o imobiliza. O sujeito não esquece o olhar", e está apenso nisso que o captura.

Essa cena da sua infância mostra o acontecimento que crava o traço do infantil, aquilo que se carrega de um gozo que não será esquecido. O encontro com o real do sexo é o estampido do gozo feminino, o Outro sexo – e a lógica do não todo fálico –, "lógica que se traduz por uma satisfação desarticulada do sim e do não, e, portanto, aberto a um gozo que é da ordem do infinito", um gozo que "socorre e sacode" desafiando a significação fálica (Hanna, 2012, p. 128). No último ensino de Lacan, o gozo feminino é tomado como o regime do gozo como tal, reduzido ao acontecimento do corpo, com sua opacidade, fora do sentido, que o permite definir o Um do significante, que não faz cadeia e se repete no sintoma como uma escrita selvagem do gozo, prescindindo-se do Outro.

A mais bela e contundente cena do filme talvez seja exatamente a que nos fez escolher comentá-lo no Núcleo de Psicanálise com Criança: a do desmaio do corpo do menino em transição, depois que arde em febre ao imaginar o jovem, nu, tomando banho.

Almodóvar nomeia essa cena "O primeiro desejo", embora façamos nela um recorte de outro aspecto. O menino, displicente, carrega a toalha que enxugaria o corpo nu que o fez desmaiar. Desmaio frente ao encontro com o real do sexo e desvelamento do gozo invasivo em um lampejo do olhar. Do que não se pode ver, do desejo proibido, do desagrado materno.

Dominique Miller (2011, p. 109) localiza o paradoxo do desejo do *falasser* lembrando que, para a psicanálise, "o desejo do homem se fundamenta em um impasse e é esse impasse que lhe dá sua impulsão". Frente ao impossível de dizer qual é o objeto do desejo, é que o objeto *a* de Lacan torna-se causa de desejo. Isso implica que a força desse desejo "que jamais renuncia de ser descoberto impele o sujeito na direção ao Outro" (Miller, 2011, p. 109).

Contudo, o Outro é estruturalmente incapaz de resolver o enigma do desejo do sujeito e é sozinho com seu drama que este permanece às voltas com a insistência inabalável do desejo. O inconsciente e seu saber que não se sabe é, então, uma espécie de "porta voz mudo" (Miller, 2011, p. 109) desse drama – tomemos porta, aqui, como a sua função, que se fecha e se abre. É desse drama que resultam os modos de gozo, ou seja,
a solução que cada *falasser* engendra para se satisfazer. O sintoma no que ele é acontecimento de corpo abre, em pleno real, o espaço de gozo. O que entra em cena é o gozo do Um, que se fixa como raiz do sintoma.

Segundo esclarece J-A. Miller (2005), a articulação do desejo e da pulsão, que se dá pelo objeto *a*, não apaga a diferença essencial entre desejo e pulsão. O desejo é envolto em nostalgia, do objeto desde sempre perdido, do suspiro que logo se depara com um "não é bem isso"; enquanto a pulsão é puro oposto da nostalgia, é satisfação, é o objeto "encontrado" (Miller, 2005, p. 270), o despertar vivaz do "é isso". O impacto pulsional é classificado por Lacan como um acontecimento, com as consequências que promove na vida do sujeito. Daniel Roy (2020) situa que o sintoma desencadeado em um segundo momento se liga ao gozo obscuro da primeira cena. Eis a marca que está na concepção do inconsciente freudiano. Essa marca pode adquirir forma real no corpo do sujeito – escarificações, fraturas, tatuagens, queixas hipocondríacas.

Então, é possível indagar com Frediani (2014): de que lugar recordamos um acontecimento de corpo? Não é no pensamento, é na memória da carne, em suas zonas erógenas, na iteração do Um do gozo; as pulsões são "no corpo, o eco do fato de que há um dizer" (Lacan, 2007, p. 18).

No filme é possível perceber que, no encontro com o real do sexo, de novo está presente uma tela, dessa vez, a pintura de pura gratidão, e daquilo que, da pulsão, enlaça um contorno e extrai, querendo ou não, uma satisfação.

Tal tela, com uma carta escrita pelo autor no verso do retrato, chega ao seu destino tardio. "Uma carta sempre chega ao seu destinatário", refletiu o Salvador lacaniano, admirando o seu retrato desenhado na cena infantil após encontrá-la, por acaso, em um antiquário. Chega a tempo, no melhor dos momentos para ser lida;

linhas de percorrer a vida inteira quando o desejo se recobra ao corpo, e o diretor volta a produzir, quiçá viver.

A vida como ela não era: a mortificação e a travessia

A vida o "desagrada como um remédio inútil" e ele segue mais morto que vivo. Sentia dores pelo corpo inteiro, uma forma de se saber ter um corpo.

Quando menino, a voz de Salvador reinava, para delícia dos homens de convento. Foi objeto de ensaio constante, o que o priva inclusive de aprender geografia, história e ciência. Passava de ano sem se pôr à prova. Ele é o objeto voz, para o deleite do Outro cristão, mas seu gosto pagão não se apaga. Dessas vivências destaca-se um significante: Um solista. Ele, já homem, lê na passagem de um livro sobre "um homem que vivia a solidão maior que a morte havia visto".

Adulto, ele tem uma casa que, segundo o ex-amor que reencontra, parecia um museu. Investiu nela todo o dinheiro que ganhou com o cinema em quadros, obras de arte, e bom gosto. Assim, com esses marcos – alguns do extremo contraste com o que teve um dia, por exemplo, a casa caverna em que morou; outros perfilam como o barro que se modelou nas histórias que filmava –, tornava habitável a sua solidão.

Salvador aprendeu, no percurso da vida, as matérias das quais foi privado por ensaiar o canto. A geografia aprendeu enquanto seu trabalho como cineasta ganhava expansão e o apresentava o mundo; a biologia, com o corpo próprio desenhado na dor e enfermidade: a sua cabeça não cabia em si; dentro dela, toda a capacidade intelectual, mas "muita capacidade para dor", ele diz.

Aprendemos com Freud que estar doente parece não ter cabimento com a ideia de sentir satisfação, pois, na consciência, não percebemos dessa maneira, mas sim como algo que causa desprazer, que faz sentir dor. Entretanto, aqui, no título do filme de Almodóvar, não cabe uma alternância; cabe mais ler que, na dor, subsiste uma espécie de glória, a dor na glória, ou, mais ainda, que a dor pode prevalecer: a glória da dor.

Que o corpo vivo goza não significa que ele seja suportável. Dores musculares, dorsais, lombares e lhe pesavam os ombros (enquadramento da sua posição enganchado na mãe). Ele tinha também chiados, sopro, engasgos, problemas com a audição e dor de cabeça. Eram as dores o que o tiravam dele mesmo. Sofria também de dores da alma: sacrifício, depressão, des-razão. Nas noites em que sentia dor, acreditava em Deus, rezava por ele; nas em que se livrava delas, era ateu.

Apaixona-se pela heroína (no caso, a droga mesmo). E a larga por amor.

O escrito descoberto por um ator de um dos seus filmes que voltava à cena para homenagear seu tempo de glória, depois de 32 anos, repetia a bonita frase que dizia que o cinema da sua infância tinha cheiro de "urina, jasmim e brisa de verão".

Destaco uma cena belíssima desse ator no palco do teatro, no ensaio do texto de Salvador, sem assinatura – "O vício" –, na qual Almodóvar filma a plateia vazia. Assim, dá corpo ao olhar como objeto *a*. Lacan (1998), seguindo o lastro da teoria da iluminação de Merleau-Ponty, nomeia o objeto olhar como a plateia vazia. O olhar em Lacan é "o que advém quando subimos no palco do teatro sem espectadores. [...] É o olhar que nos envolve quando subimos à cena do teatro sem espectadores, e onde certamente nós vemos, mas onde, fundamentalmente, somos seres olhados pela iluminação. Como o resto" (Miller, 2005, p. 285). A cena da leitura do texto anônimo sobre o vício, com o vazio da plateia, é uma passagem que permite pensar que é a vida, ela mesma, que salva.

Desse percurso, o reencontro amoroso enlaça o destino de um amor que não finaliza na manhã seguinte de se rever em cena de teatro e da vida. O reencontro com o seu objeto de amor, abandonado para não de se deixar dominar pela pulsão de morte, reaparece em parede vermelha do elevador. Desse amor que ele não conseguiu salvar – logo ele, cujo nome próprio é Salvador e cujo apelido carinhoso materno é "Salva!", um imperativo –, ele recobra algo.

Salvador engasga, algo se calcifica no esôfago, "encarnifica" no lugar por onde saía sua voz – esse objeto, o mais superegoico, o dominava.

O filme termina causando estranheza, ao menos foi assim para mim: uma moça comum segurando o microfone, sonoplastia, montagem da cena de um menino, que, dormindo na estação de metrô e já apaixonado definitivamente por cinema, iria para o seminário estudar a contragosto, pois insiste na recusa de ser padre – ou seja, não recua da sexualidade que se estampa, sem recuo possível, ao homo. Ao lado dele, sua mãe, que almejava ao menos uma casa. Salvador aparece, então, filmando o filme do filme de uma vida. O nome do filme que faz com que Salvador retome sua carreira é *O primeiro desejo*, abordagem direta à cena que elegemos para comentar o filme e que faz menção

também à produtora *El Deseo*, que Pedro e Agustín Almodóvar fundaram em 1986 para filmar *A lei do desejo*.

Dor e glória é o *Amarcord* de Almodóvar. Assisti-lo é desfrutar do cheiro de urina, jasmim e brisa de verão! Seu marco infantil.

Referências

FREDIANI, M. Acontecimento de corpo. In: MACHADO, O.; RIBEIRO, V. L. A. (Orgs.). *Scilicet*: Um Real para o século XXI. Belo Horizonte: Scriptum, 2014.

GUY, B. Trauma. In: HARARI, A. (Org.). *A ordem simbólica no século XXI – não é mais o que era*. Coletânea de textos do VIII Congresso da Associação Mundial de Psicanálise. Belo Horizonte: Scriptum, 2011.

HANNA, M. S. Sobre as mulheres e o gozo feminino na experiência analítica. In: CALDAS, H.; MURTA, A.; MURTA, C. (Orgs.). *O feminino que acontece no corpo*: a prática da psicanálise nos confins do simbólico. Belo Horizonte: Scriptum, 2012.

LACAN, J. *O Seminário, livro 11*: Os quatro conceitos fundamentais da psicanálise. Rio de Janeiro: Jorge Zahar Ed., 1990. (Trabalho original proferido em 1964).

LACAN, J. *O Seminário, livro 23*: O sinthoma. Rio de Janeiro: Jorge Zahar Ed., 2007. (Trabalho original proferido em 1975-76).

MILLER, D. Desejo. In: HARARI, A. (Org.). *A ordem simbólica no século XXI – não é mais o que era*. Coletânea de textos do VIII Congresso da Associação Mundial de Psicanálise. Belo Horizonte: Scriptum, 2011.

MILLER, J.-A. *Silet*: os paradoxos da pulsão, de Freud a Lacan. Rio de Janeiro: Jorge Zahar Ed., 2005.

ROY, D. Una nueva clínica del trauma. In: *De la infancia a la adolescencia*. Buenos Aires: Paidós, 2020.

SOBRE OS AUTORES

Alessandra Thomaz Rocha é psicanalista, doutora em Psicanálise pela UFMG, membro da Escola Brasileira de Psicanálise e da Associação Mundial de Psicanálise.

Analícea de Souza Calmon Santos é psicanalista, membro da Escola Brasileira de Psicanálise e da Associação Mundial de Psicanálise.

Andrea Eulálio de Paula Ferreira é psicanalista, membro da Escola Brasileira de Psicanálise e da Associação Mundial de Psicanálise.

Cristiana Pittella é psicanalista, membro da Escola Brasileira de Psicanálise e da Associação Mundial de Psicanálise.

Cristiane Barreto é psicanalista, membro da Escola Brasileira de Psicanálise e da Associação Mundial de Psicanálise.

Elisa Alvarenga é psicanalista, membro da Escola Brasileira de Psicanálise e da Associação Mundial de Psicanálise.

Fernando Casula é psiquiatra, psicanalista, mestre em Psicologia pela UFMG, membro da Escola Brasileira de Psicanálise e da Associação Mundial de Psicanálise.

Graciela Bessa é psicanalista, membro da Escola Brasileira de Psicanálise e da Associação Mundial de Psicanálise.

Ludmilla Feres Faria é psicanalista, membro da Escola Brasileira de Psicanálise e da Associação Mundial de Psicanálise.

Mônica Campos Silva é psicanalista, membro da Escola Brasileira de Psicanálise e da Associação Mundial de Psicanálise.

Nieves Soria é psicanalista, membro da Escuela de la Orientación Lacaniana e da Associação Mundial de Psicanálise.